Life Management

Elmar Eisele

Dieses Buch widme ich meiner lieben Mutter, meinen geliebten Kindern Alexander, Bianca und Ricarda und meinem lieben Schatz Sigrun.

Vom Verwalter zum
Gestalter Ihres Lebens

Elmar Eisele

life Management

Inhalt

Ab heute mehr Erfolg

Erfolg gehört zu den mit Abstand am häufigsten gebrauchten Begriffen auf der Welt. Jeder Mensch will und braucht Erfolg. Wie wichtig regelmäßige Erfolgserlebnisse sind, erkennt man am besten dann, wenn diese eine Zeitlang ausbleiben. Meistens leiden das Selbstwertgefühl und Selbstvertrauen eines Menschen, wenn positive Ergebnisse ausbleiben. Es gibt nichts Besseres für unser Selbstwertgefühl und Selbstvertrauen als regelmäßige Erfolgserlebnisse.

Regelmäßige Erfolge sind der beste Dünger für unser Selbstvertrauen.

Im Prinzip möchte jeder Mensch das Beste aus seinem Leben machen. Oft wird dies durch negative Fremd- und Selbstbeeinflussung verhindert. Dieses Buch soll für Sie eine Schatztruhe an wichtigen geistigen Werkzeugen und Strategien sein, damit Sie die Blockaden, die Ihrem Lebensglück und Ihrem persönlichen Erfolg im Wege stehen, beseitigen können.

Warum strebt der Mensch nach Erfolg?

Jeder Mensch möchte glücklicher leben, deshalb ist es sein Bestreben, sein persönliches Lebensglück zu finden. Menschen streben deshalb nach Erfolg, weil sie sich davon eine Vermehrung ihres Lebensglücks vorstellen. Ständig sind wir bestrebt, Lebenssituationen zu entfliehen, die für uns Schmerz bedeuten oder bedeuten könnten. Gleichzeitig sind wir ständig bemüht, möglichst viel Angenehmes in unserem Leben zu erfahren. Unser ganzes Verhalten ist davon geprägt, dass wir allem Schmerzhaften ausweichen und möglichst viel Angenehmes erleben wollen. Alles, was Sie in Ihrem Leben tun, tun Sie, um schmerzhafte Erfahrungen so gut wie möglich zu vermeiden und möglichst viel Schönes, Freudvolles und Angenehmes zu erfahren.

Für Erfolge bekommen wir von unseren Mitmenschen im Normalfall Lob, Anerkennung, Belohnung in Form von mehr Geld oder anderen Vergünstigungen, Wertschätzung u.a. Für die allermeisten Menschen wäre es eine sehr schmerzhafte Erfahrung, wenn sie nicht regelmäßig von ihren Mitmenschen Lob, Anerkennung, Bestätigung und Wertschätzung erhalten würden.

Je mehr sich das, was wir in der Außenwelt erleben, mit unseren Wünschen und Erwartungen deckt, umso zufriedener sind wir. Unzufriedenheit erleben wir dann, wenn sich das, was wir in der Außenwelt erleben, nicht mit unseren positiven Erwartungen deckt. Je stärker die Abweichung, umso stärker ist auch die Unzufriedenheit.

Mehr Erfolg bedeutet deshalb die schrittweise Realisierung unserer Wünsche, Träume und Ziele.

Es gibt genügend Menschen, die ihre Wünsche einfach den äußeren Gegebenheiten anpassen. Dies wird dann etwa so kommentiert: „Es gibt viele arme Menschen auf dieser Erde, man muss auch einmal zufrieden sein." Solche negativen Kommentare helfen weder denen, die sich derart äußern, noch den armen Menschen dieser Welt. Oder kann es sein, dass jemand, der beispielsweise finanziell selbst kaum über die Runden kommt, regelmäßig große Spenden für arme Menschen durchführen kann?

Erfolg ist keinesfalls nur eine materielle oder finanzielle Angelegenheit. Trotzdem müssen wir ganz ehrlich erkennen, dass wir uns ohne genügend Geld weder gesund ernähren, noch ein schönes Heim bewohnen oder unseren Kindern eine optimale Ausbildung finanzieren können.

Erfolg hat aber viele Gesichter. Erfolg ist, wenn wir unser Potenzial optimal zum Nutzen von uns selbst und anderen Menschen einsetzen. Hatte Mutter Theresa Erfolg? Ja, sicher! Aber sie musste zuerst ihr Potenzial optimal einsetzen. Hatte Mahatma Gandhi Erfolg? Auch er musste an sich arbeiten und sein Potenzial entfalten.

Was bedeutet Erfolg für Sie? Immer wieder stelle ich den Teilnehmern in meinen Seminaren diese Frage.

Dazu einige Antworten von Teilnehmern:

- Eine gute Gesundheit
- Zufriedenheit und innere Harmonie
- Ein glückliches Familienleben
- Eine berufliche Aufgabe, die Spaß macht
- Gute Beziehungen zu anderen Menschen
- Geistige Freiheit
- Finanzielle Freiheit
- Eine gute Partnerschaft
- Beruflicher Aufstieg
- Persönliche Entfaltung
- Das Erreichen von Zielen.

Erfolg hat viele Gesichter und jeder Mensch hat seine persönliche Vorstellung von Erfolg. *Was bedeutet Erfolg für Sie? Fühlen Sie sich erfolgreich?*

Aufgabe

Bitte schreiben Sie spontan zwei bis drei Minuten lang alles auf, was Erfolg für Sie bedeutet:

Schreiben Sie weiters auf:

1 Lebensbereiche, in denen ich mich erfolgreich fühle

2 Lebensbereiche, in denen ich mich nicht oder wenig erfolgreich fühle

3 Was ich in meinem Leben noch tun und erreichen müsste, damit ich im Alter von siebzig Jahren sagen könnte, ich habe ein glückliches und erfolgreiches Leben geführt

4 Wenn ich nur noch drei Dinge in meinem Leben erreichen könnte: was wären die drei wichtigsten?

Für einen Bergsteiger ist es lebenswichtig, dass er weiß, was er erreichen will, was also sein Ziel ist. Er muss aber auch jederzeit wissen, wo er steht und welche Hindernisse der Zielerreichung momentan im Wege stehen. Wenn Sie obige schriftliche Aufgaben durchführen, werden Ihnen Ihre Aufzeichnungen helfen Klarheit zu gewinnen, wo Sie derzeit in Ihrem Leben stehen, wohin Sie wollen und was Ihnen eventuell im Wege steht.

Erfolg ist wichtig Erfolg ist für die Zufriedenheit und die Gesundheit eines Menschen sehr wichtig. Junge Menschen reifen nur zu gesunden Persönlichkeiten, wenn sie in ihrer Jugend genügend Möglichkeiten haben, erfolgreich zu sein. Das, was in der Gesellschaft oft unter Erfolg verstanden wird, unterliegt oft sehr engen und einseitigen Kriterien. Entscheidend ist für uns immer, was wir subjektiv als Erfolg empfinden. Ohne regelmäßige Erfolgserlebnisse wird ein Mensch nicht lange glücklich sein.

Erfolg ist Nahrung für unser Selbstvertrauen. Jeder Mensch braucht regelmäßige Erfolgserlebnisse. Erfolg bewirkt eine Zunahme von Selbstvertrauen, Motivation, Tatkraft und Lebensfreunde.

Erfolg kann sein, wenn ...

- wir ein Problem lösen
- wir uns fit und gesund halten
- wir gute zwischenmenschliche Beziehungen haben
- wir eine Schwäche in eine Stärke transformieren
- wir eine Arbeit gut erledigen
- wir das Leid eines Menschen lindern
- wir beruflich weiterkommen
- wir uns persönlich entfalten
- wir Grenzen überwinden
- wir Ängste besiegen
- wir eine schwierige Aufgabe gut erledigen
- wir eine Krise meistern
- wir andere Menschen unterstützen
- wir unsere Talente entfalten
- wir ein Ziel erreichen.

Gerade selbst gesteckte Ziele helfen uns, regelmäßig Erfolgserlebnisse zu haben und unser Leben glücklich zu gestalten.

Orientierungslosigkeit bremst und blockiert Den meisten Menschen fehlt es nicht am mangelnden Potenzial, sondern sie leiden an Orientierungslosigkeit. Viele Menschen wissen nicht genau, was sie in ihrem Leben tun und erreichen möchten. Ziele, die man aber nicht kennt, kann man auch nicht erreichen.

Viele Menschen denken, dass sie zuerst den Weg und nicht das Ziel finden müssen. Wer sein Ziel nicht kennt, kann auch den Weg nicht finden.

Ein Mensch, der nicht genau weiß, was er will, kann weder seine Zeit noch seine Talente optimal nutzen.

Diese Orientierungslosigkeit war auch eine Zeit lang ein Hauptproblem in meinem Leben. Ich fühlte zwar, dass etwas in mir steckte, das zur Entfaltung drängte. Ich wusste aber nicht was. Da mir ein Ziel fehlte, probierte ich viele Wege, die mich im Endeffekt aber nicht weiter brachten. Es war so, als ob ich im Kreise herumginge. Erst, als ich herausfand, was ich genau wollte, fand ich auch den Weg, meinen Wunsch umzusetzen.

Kennen Sie die Geschichten von „Alice im Wunderland?“ Eines Tages war Alice zu Fuß unterwegs und kam zu einer Gabelung mit mehreren Wegen. Alice wusste plötzlich nicht mehr, welchem Weg sie folgen sollte. Als sie dastand und überlegte, kam der Fuchs des Weges und sagte „Hallo Alice. Kann ich etwas für dich tun?“ Alice antwortete: „Lieber Fuchs, kannst du mir bitte sagen, welchen Weg ich nehmen muss?“ Der Fuchs antwortete: „Das kommt darauf an, wohin du willst.“ Alice sagte: „Ach, das ist eigentlich egal.“ Darauf erwiderte der Fuchs: „Dann ist es auch egal, welchen Weg du nimmst“, und verabschiedete sich von Alice.

So ist es auch in unserem Leben. Wenn wir nicht wissen, wohin wir wollen, dann ist es auch egal, welchen Weg wir nehmen. Wenn man erfolgreiche Menschen betrachtet, so hat man den Eindruck, als ob diese Menschen immer schon erfolgreich waren. Das stimmt natürlich nur in wenigen Fällen. Studiert man die Geschichte erfolgreicher Menschen, so findet man heraus, dass ihr Erfolgsweg erst begann, als sie wussten, was sie in ihrem Leben erreichen wollten.

Genau zu wissen, was man im Leben erreichen will, ist der erste Schritt zum Erfolg.

Erfolg hat immer mit Menschen zu tun Natürlich denken viele Menschen beim Thema Erfolg an Geld, Luxus, Materielles usw. Erfolg hat aber hauptsächlich mit Menschen zu tun. Ohne andere Menschen können wir gar nicht erfolgreich sein. Auch wenn jemand noch so viel weiß und kann – solange anderen Menschen kein Nutzen daraus erwächst, wird dieser Mensch nicht wirklich erfolgreich sein. Die schönsten Erfolge im Leben sind immer solche, durch welche die Lebensqualität von Mitmenschen positiv beeinflusst wird.

Erfolg steht meistens in direktem Zusammenhang mit dem, wie wir unsere Fähigkeiten, Talente und unser Wissen und Können zum Nutzen anderer Menschen einsetzen. Erfolg hängt aber auch davon ab, wie gut wir unseren Nutzen „vermarkten" können. Leider aber werden im Leben nicht immer die Besten am meisten belohnt, sondern jene, die sich und ihre Produkte oder Dienstleistungen am besten verkaufen können.

Früher gab es in den Abteilungen großer Firmen viele Einzelkämpfer, heute ist mehr denn je Teamarbeit gefragt, weil ein Team wesentlich mehr erreichen kann als mehrere Einzelpersonen in einer Abteilung. Ob Sie in einem Team arbeiten oder nicht, die Kooperation mit anderen Menschen wird immer wichtiger. Unser Erfolg hängt entscheidend davon ab, wie gut wir mit anderen Menschen zurechtkommen, wie beliebt wir im Allgemeinen sind.

Hinterlassen Sie positive Spuren in dieser Welt Jeder Mensch hat das Potenzial, für andere Menschen einen besonderen Beitrag und Nutzen zu leisten. Ein Sportler erfreut andere Menschen durch seine Topleistungen, ein Musiker durch seine Musik, ein Schriftsteller durch seine Bücher und ein Koch durch seine Gerichte. Es gibt unzählige Möglichkeiten, das Leben anderer Menschen zu bereichern und diese Welt zu einem schöneren Planeten zu machen.

Der wahre Erfolg ist der, der nicht nur uns selbst, sondern auch *anderen* Menschen nutzt. Ich habe im Laufe meines Lebens genügend Menschen kennengelernt, die nach außen hin sehr erfolgreich waren und innerlich doch arm und leer. Wie kann so etwas geschehen? Diese Menschen hatten sich zu sehr auf den äußeren und materiellen Erfolg konzentriert. Der Gedanke des Eigennutzens war so groß, dass da kaum Raum für Fremdnutzen blieb. Die Erfolge, die glücklich machen, sind jene, durch welche unsere Mitmenschen einen positiven Nutzen erhalten. Bieten Sie anderen Menschen Nutzen und bereichern Sie ihr Leben und Sie haben Erfolg.

Der Pessimist sagt „Die Welt ist voller Probleme". Der Optimist sagt „Probleme sind Chancen für zukünftige Erfolge" – beide haben Recht.

Jeder Mensch hat aus seiner Sicht Recht. Die Frage ist nur: Welche Einstellung bringt mich weiter? Welche Einstellung hilft mir, mein Potenzial zu aktivieren und zum Nutzen anderer Menschen einzusetzen? Erkennen Sie, welche ungelösten Aufgaben es bei Ihnen im Geschäft, in der Familie, im Freundeskreis und in der Gesellschaft gibt und suchen Sie nach Lösungen. Im Laufe der Menschheitsgeschichte haben die Menschen es immer wieder verstanden, vorhandene Probleme zu lösen. Natürlich ist es zwischendurch erholsam, ohne Probleme zu sein. Diese Welt wird aber nie ganz frei von Schwierigkeiten sein, und solange es solche gibt, können auch Lösungen gefunden werden.

Wenn ich in meinem Leben zurückblicke, so waren es vor allem Schwierigkeiten und ihre Bewältigung, die mich in meiner Entwicklung vorangetrieben und mir geholfen haben, mich persönlich zu entwickeln. Stellen Sie sich bitte die Frage: *„Welche Lebenssituationen haben bei Ihnen die größten Entwicklungsschübe ausgelöst?"* Vermutlich waren es auch bei Ihnen schwierige Lebenssituationen.

Das Schöne im Leben ist, dass sich mit positiven Zielen und einer positiven Einstellung ein minus in ein plus umwandeln lässt. Sehen Sie ab sofort Schwierigkeiten optimistisch in die Augen und üben Sie sich Tag für Tag im Lösungsdenken. Unterstützen Sie andere Menschen dabei, ihre Hindernisse zu überwinden. Indem Sie sich immer mehr und mehr zu einem Lösungsdenker für sich und Ihre

Mitmenschen entwickeln, werden Sie Ihre positiven Spuren in dieser Welt hinterlassen. In dem Moment, in dem Sie beginnen, in jedem Hindernis die Chance, ein Minus in ein Plus umzuwandeln, sehen, werden Sie Ihre Erfolge deutlich steigern.

Positive Ergebnisse beflügeln zu neuen Taten Wie oft essen Sie pro Tag? Zwei, drei oder mehr Mahlzeiten? Warum essen wir eigentlich täglich? Genau: die Nahrung, die wir essen, liefert uns lebenswichtige Nährstoffe und versorgt uns mit Energie. Jede noch so kleine Tätigkeit benötigt Energie. Je mehr Widerstand wir jedoch gegenüber einer Aufgabe haben, umso mehr Energie müssen wir für die Bewältigung aufwenden. Je mehr Freude und Spaß wir jedoch an einer Aufgabe haben, umso leichter fällt sie uns und wir können sie mit geringstem Energieaufwand ausführen.

Unser geistiger und emotionaler Zustand schlägt sich immer in der Qualität unserer Arbeit nieder. Wenn Sie oft optimistisch und fröhlich sind, werden Sie ganz sicher bessere berufliche Ergebnisse erzielen, als wenn Sie eher pessimistisch denken und überwiegend in einem negativen emotionalen Zustand sind.

Regelmäßige kleine Erfolgserlebnisse sind sehr wichtig für die Stärkung des Selbstvertrauens und für die persönliche Motivation. Ich bin in den Seminaren oft erstaunt, dass sich Leute oft viel leichter an ihre Fehler als an ihre Erfolge erinnern. Nach einigen Minuten intensiven Überlegens kommen dann die Erfolgserlebnisse wieder in Erinnerung. Die Frage ist natürlich, was wir von unseren Erfolgserlebnissen haben, wenn wir diese allzu schnell vergessen. Entscheidend ist nämlich nicht nur, dass wir positive Ergebnisse erzielen, sondern dass wir gerne daran denken. Es ist doch schön, wenn man sich über gute Leistungen und Ergebnisse von Herzen freuen kann!

Oft benötigt die Durchführung gewisser Aufgaben und Projekte in Firmen Monate und der Weg zum großen Erfolg ist oft lang. Da kommt es nicht selten vor, dass sich die Motivation der Leute abkühlt. Deshalb ist es wichtig, dass Sie sich auch bewusst machen, welche Erfolge Sie während eines Tages erzielen.

Nehmen Sie sich am Abend regelmäßig Zeit, um darüber nachzudenken, was Sie an diesem Tage gut gemacht haben, was Ihnen gut gelungen ist. Freuen Sie sich ganz bewusst über die Fortschritte und positiven Resultate, die Sie erzielt haben. Wenn Sie dies regelmäßig machen, gehen Sie am nächsten Tag wieder bestens motiviert an Ihre Aufgaben. Erfolgserlebnisse sind weniger dazu da, unser Ego aufzublasen, sondern eine wichtige positive Selbstbestätigung. Unser Selbstvertrauen lebt davon, dass wir regelmäßig positive Ergebnisse erzielen und dass wir uns diese bewusst machen.

Das Selbstkonzept – Schlüssel zur Persönlichkeit

Im Innersten eines jeden Menschen keimt der Wunsch, jemand zu sein. Nachdem in jedem Menschen ein hohes Potenzial an Talenten schlummert, haben wir auch das starke Bedürfnis, dieses zu nutzen. Wir haben dieses Potenzial in die Wiege gelegt bekommen. Erst aber durch Übung und Nutzung werden wir es zur Entfaltung bringen.

Wir können unser Potenzial wie einen Samen betrachten. Wenn Samen zur Aussaat gebracht werden, werden sie Früchte tragen. Jemand kann noch so viele Samen haben, wenn er diese nicht zur Aussaat bringt, können diese auch nicht wachsen und auch keine Früchte tragen. Mit unseren Talenten ist es genauso, wir müssen unseren Samen-Talenten die Chance auf Wachstum und Entfaltung geben.

Ich bin, wie ich bin

Nicht selten höre ich von Menschen „Ich bin halt, wie ich bin". Wie denken Sie darüber?

Wenn wir davon ausgehen, dass die Lebensumstände, in denen wir derzeit leben, das Ergebnis davon sind, welche Gedanken, Gefühle, Glaubenshaltungen und Handlungen wir in der Vergangenheit gepflegt haben, kommen wir zu der Erkenntnis:

Wenn wir weiterhin so denken und handeln wie in der Vergangenheit, werden wir weiterhin das ernten, was wir bisher geerntet haben, nämlich die Lebensumstände, die wir in den vergangenen Jahren hatten.

Fast alle Menschen wollen mehr Erfolg, mehr Geld, mehr Anerkennung, aber die wenigsten sind bereit, entsprechende Veränderungen durchzuführen. Sie wollen zwar mehr Erfolg, wollen aber am liebsten so bleiben, wie sie sind. Viele glauben noch an eine Märchenfee, die ihnen eines Tages ihre Wünsche erfüllt, ohne dass sie den Finger dafür krümmen müssen. Unsere Lebensumstände haben mehr mit unserer Persönlichkeit zu tun, als die meisten Menschen ahnen. Solange ein Mensch sich innerlich nicht ändert, wird sich auch in seiner Außenwelt nichts ändern.

Ich will, aber ich kann nicht Unser Denken beeinflusst mehr als alles andere unser Leben. In meinen Seminaren habe ich oft schon die Aussage gehört: „Ich will ja, aber ich kann nicht." Mir ist längst bewusst, dass Menschen im Leben nicht am guten Willen scheitern, sondern am falschen Denken. Wenn jemand denkt, „das kann ich nicht", wird dieser Mensch es auch nicht können. Etwas, was wir uns selbst nicht zutrauen, werden wir auch gar nicht in Angriff nehmen. Warum trauen sich viele Menschen aber zu wenig zu? Alles hat in unserer Kindheit angefangen. Vielleicht haben wir in unserer Kindheit von unseren Eltern, Geschwistern, Freunden, Bekannten, Lehrern Botschaften gehört wie: *„Das kannst du nicht, das schaffst du nicht, sei nicht so ungeschickt, du bist so dumm, du bist ein dummes Kind, stell dich nicht so dumm an, dir fehlt das nötige Geschick, Träume sind Schäume, träume nicht so viel – komm wieder in die Realität zurück"* usw.

Als Kinder konnten wir solche negativen Botschaften nur schlecht oder gar nicht abwehren. Die Botschaften, die wir nicht abgewehrt haben, und das waren wahrscheinlich eine ganze Menge, sind direkt in unserem Unterbewusstsein gelandet. Fremdgedanken, die wir aber nicht zurückgewiesen haben, sind durch Autosuggestion zu eigenen Gedanken geworden. Hat der Lehrer beispielsweise in der Schule zwei bis drei Mal zu uns gesagt, dass wir für Rechnen völlig unbegabt seien, hat dies wahrscheinlich ausgereicht, dass wir dann auch selbst geglaubt haben, dass wir für dieses Fach ungeeignet sind.

Als Kinder waren wir sehr sensibel, wenn es darum ging, was andere Menschen über uns gesagt haben. Viele Aussagen über unsere Person haben wir für bare Münze genommen. Jeder erwachsene Mensch ist geprägt von seiner Kindheit. Fast jeder Mensch hat in seiner Kindheit negative, begrenzende Botschaften aufgenommen. Oft hat es sich bei diesen Botschaften nur um Meinungen der betreffenden Menschen gehandelt. Trotzdem hatten diese Aussagen eine entsprechende Wirkung.

Warum trauen sich erwachsene Menschen oft viel zu wenig zu? Einer der Hauptgründe dafür ist mangelndes Selbstvertrauen. Menschen, denen in der Kindheit immer wieder gesagt wurde, dass sie dieses und jenes nicht können, haben als Erwachsene dann selten das nötige Selbstvertrauen, ihre großen Wünsche zu realisieren. Deshalb ist ein wichtiger Schritt zum Erfolg, negative „Programmierungen" aus der Kindheit zu erkennen und diese gezielt auszuschalten.

Warum sind wir nicht so erfolgreich, wie wir sein könnten?

Ich weiß es, Sie wissen es, die meisten wissen es.
Die meisten Menschen könnten deutlich erfolgreicher sein, als sie es tatsächlich sind.

Warum sind aber die meisten Menschen nicht erfolgreicher? Haben sie vielleicht keine Lust auf mehr Erfolg? Nein, so ist das nicht. Der Grund kann auf einen Nenner gebracht werden und dieser heißt Widerstände. Widerstände, ob wir sie jetzt Probleme oder Hindernisse nennen, verhindern, dass wir erfolgreicher sind.

Es gibt vier Arten von Widerständen:

- Äußere Widerstände, die uns bewusst sind
- Innere Widerstände, die uns bewusst sind
- Äußere Widerstände, die uns nicht bewusst sind
- Innere Widerstände, die uns nicht bewusst sind.

Welches sind die größten Widerstände? Viele antworten wahrscheinlich spontan „äußere Widerstände".

Vielleicht sieht das manchmal so aus, als ob es die äußeren Widerstände sind, die unseren Erfolg verhindern wollen, z.B. Lehrer, Vorgesetzte, Chefs, Politiker u.a. Wer so denkt, gibt seine Verantwortung ab, verliert seine positive Macht und steht den äußeren Hindernissen ohnmächtig gegenüber.

Die größten Widerstände und gleichzeitig die schwierigsten sind die unbewussten inneren Widerstände, denn sie sind uns gar nicht bewusst. Solange sie uns nicht bewusst sind, können wir sie auch nicht beseitigen. Die zweitgrößten Widerstände sind meistens unsere inneren bewussten Widerstände. Die inneren Widerstände hindern uns in Regel weitaus mehr an unserem Fortschritt als die äußeren Widerstände. In der Regel begründet man mangelnde Erfolge durch äußere Widerstände. Wer sagt schon gerne, dass es an seinem Denken oder an seiner engen Sichtweise liegt.

Immer, wenn wir das Gefühl haben, in unserem Leben nicht in gewünschter Weise vom Fleck zu kommen, sollten wir nach den entscheidenden Widerständen forschen.

Widerstände können überwunden werden Die weitaus größeren Widerstände auf dem Weg zu unseren Zielen sind in uns. Ich habe bei mir selbst und bei vielen anderen Menschen immer wieder beobachtet, dass auch die äußeren Hindernisse dahinschmelzen, wenn wir innere Widerstände überwinden.

Wie viele Untersuchungen zeigen, hängt Erfolg zu 85 % von unserer Persönlichkeit ab. Wir können Persönlichkeit als die Summe all unserer Eigenschaften bezeichnen. Das sind all unsere Denk-, Glaubens-, Verhaltensmuster und Charaktereigenschaften.

Wahre Persönlichkeit hat nichts mit der Schauspielerei zu tun, die viele Menschen Tag für Tag praktizieren. Persönlichkeit ist echt und ehrlich, das sind wir mit all unseren Stärken und Schwächen. Persönlichkeit ist unsere unverwechselbare Einzigartigkeit.

Aufgabe

Nehmen Sie sich etwas Zeit und fragen Sie sich:

1 Als welche Persönlichkeit sehe ich mich?

2 Was für ein Bild habe ich von mir selbst?

3 Wie würde ich mich als Mensch selbst beschreiben?

4 Wo sehe ich mich schwach und unfähig?

5 Wo sehe ich mich stark und fähig?

Bitte vervollständigen Sie blitzschnell die Aussage

Ich bin ein geborener ...

Beantworten Sie die Fragen schriftlich, um optimalen Nutzen daraus zu ziehen!

Ihr Selbstbild – Steuermann Ihres Lebens Die meisten Menschen machen sich kaum Gedanken über ihr Selbstbild, obwohl unser Selbstbild eine der wichtigsten Rollen in unserem Leben spielt. Unser Selbstbild ist das Gesamtbild, welches wir von uns selbst haben. Dieses Selbstbild ist aus all den Gedanken, Vorstellungen und Glaubenshaltungen über unsere Person entstanden.

Wir verhalten uns im täglichen Leben fast ausnahmslos in Übereinstimmung mit unserem Selbstbild. Unser Selbstbild entscheidet in hohem Maße, was wir in unserem Leben erreichen und was nicht. Wenn wir verhaltensmäßig von unserem Selbstbild abweichen, greift sofort unser Unterbewusstsein wie ein Autopilot ein und beginnt unmerklich unser Verhalten zu korrigieren, bis es wieder mit unserem Selbstbild übereinstimmt.

Auf unserem Selbstbild bauen wir unsere Erwartungen auf. Hat ein Mensch ein eher negatives Selbstbild, dann erwartet dieser Mensch weder viel von sich selbst noch vom Leben. Erfolgreiche Persönlichkeiten haben bewusst oder unbewusst immer ein Zukunftsbild der Person entwickelt, die sie sein wollten. Sie haben an diesem Bild so lange gearbeitet, bis sie in dieses Bild hineingewachsen sind.

Programmierungen aus der Kindheit Psychologisch gesehen kamen Sie, ich und alle anderen Menschen als unbeschriebenes Blatt auf die Welt. Als Sie und ich auf die Welt kamen, hatten wir keine Überzeugungen und Glaubenshaltungen über uns selbst und das Leben. Als Kind waren wir enorm lernfähig und haben über unsere Sinnesorgane Sehen, Hören, Tasten, Riechen, Schmecken ständig Informationen von unserer Umwelt aufgenommen.

Wir haben vor allem sehr viel durch Beobachtung gelernt. Am meisten haben wir unsere Eltern beobachtet. Das, was uns unsere Eltern in den ersten zehn Jahren unseres Lebens vorgemacht und gesagt haben, war für uns ungeheuer wichtig. Wir haben durch die regelmäßigen Informationen unserer Eltern gelernt. Eine ganz große Bedeutung für unsere Entwicklung hatten auch unsere Lehrer und unsere Freunde.

All das, was wir von diesen Menschen an Informationen erhalten haben, hat uns in irgendeiner Weise beeinflusst. Geprägt hat uns aber das, was diese Menschen von uns gedacht haben und das, was sie über uns gesagt haben. Was unsere nächsten Bezugspersonen über uns gesagt haben, wie sie unser Verhalten und unsere Leistungen beurteilt haben, hat unser Selbstbild in irgend einer Form beeinflusst.

Alles, was andere Menschen je zu uns gesagt haben, hat uns in unserem Denken und Verhalten geprägt. Immer, wenn unsere Eltern, Freunde, Lehrer oder andere Menschen unsere Leistung oder Person bewertet haben, hat unser Unterbewusstsein diese Botschaften mitgehört und natürlich aufgezeichnet.

Wie oft haben Menschen in ihrer Kindheit gehört, dass sie unfähig oder dumm seien, dass sie es im Leben nicht weit bringen würden, dass sie dieses und jenes nicht könnten. Nachdem viele Botschaften unserer Mitmenschen negativ waren, lautet eine wichtige Frage: „Wie haben mich diese Botschaften beeinflusst?“

Wie oft haben Menschen in ihrem Elternhaus oder in der Schule gehört: *„Das schaffst du nicht, für … hast du überhaupt keine Begabung, aus dir wird nichts, du machst auch immer etwas falsch, sei nicht immer so schlampig, du bist ein hoffnungsloser Fall, stell dich nicht so ungeschickt an, du hast auch zwei linke Hände, du bist so vergesslich, um deine Zukunft mache ich mir Sorgen, du kannst einfach nicht mit Geld umgehen, rede, wenn man dich fragt.“*

Unser Selbstbild entscheidet, wie wir über uns selbst denken Gedanken sind Kräfte und haben das Bestreben, sich zu verwirklichen. Die größte Macht über unser Leben haben immer die Gedanken, die sich auf unsere Person beziehen. So, wie wir uns selbst sehen, so denken wir über uns und so, wie wir über uns denken, so sehen wir uns. Das ist ein Kreislauf.

Wie mächtig und stark unser Selbstbild ist, erkennen wir daran, dass es trotz vieler Versuche nicht funktioniert, wenn wir eine Gewohnheit ändern wollen. Immer wieder scheitern viele Menschen daran, z.B. mit dem Rauchen aufzuhören oder abzunehmen. Warum scheitern diese Menschen? Ist ihre Willenskraft zu schwach? Ja und nein, aber ... Sind unsere Vorstellungskraft und Willenskraft einander entgegengesetzt ausgerichtet, so unterliegt normalerweise immer die Willenskraft. Die Willenskraft ist zwar auch eine nicht zu unterschätzende Kraft, unsere Vorstellungskraft ist jedoch weitaus stärker.

Das Problem ist, der Raucher hat das Selbstbild eines Rauchers und der Dicke das Selbstbild eines Dicken. Wie wollen diese Menschen mit ihrer Willenskraft Erfolg haben, solange sie nicht ihr Selbstbild verändern? Das Selbstbild ist eine Mischung von positiven und negativen Programmierungen. Jede Programmierung wirkt so lange, bis wir sie ändern. Gewisse Programmierungen aus der Kindheit prägen Menschen bis ans Lebensende.

Denken Sie bitte einmal an die Aussagen *„Ich kann nicht über meinen Schatten springen, ich bin halt so, ich habe zwar versucht mich zu ändern, aber ich kann es* *nicht, einem alten Hund kann man keine neuen Tricks beibringen"*. Diese Aussagen spiegeln wider, wie mächtig unser Selbstbild ist.

Die positive Botschaft lautet: wir können uns ändern. Indem wir unser Selbstbild ändern, verändert sich unser Verhalten. Natürlich müssen wir zuerst den Wunsch haben, uns positiv zu verändern. In unserer Wunschkraft steckt Energie. Je stärker wir wünschen, umso stärker ist diese Energie. Ist ein Wunsch zu schwach, so bringt dieser Wunsch keine Resultate. Wenn Sie Ihr Selbstbild positiv verändern wollen, dann müssen Sie den starken Wunsch nach dieser Veränderung haben. Ein starker Wunsch ist der beste Motivationskick für positive Veränderungen.

Der Schatten eines negativen Selbstbildes Als Kinder haben wir neben positiven auch viele negative Botschaften und Aussagen über unsere Person von anderen Menschen erhalten. Ich kann mich noch sehr gut an den Direktor erinnern, den wir in der Volksschule hatten. Er war zwei Jahre unser Lehrer. Auf mir und drei weiteren Schülern trampelte er psychisch zwei Jahre lang herum. Er sagte zu uns immer wieder, dass wir dumme, faule Stricke seien und aus uns nichts werden würde. Das waren noch seine harmlosesten Aussagen. Es hat ihn beispielweise in meinem Falle nicht interessiert, dass es in meinem Elternhaus viele Probleme gab, die mir auch gesundheitlich schwer zu schaffen machten. Ich hatte unter anderem schwere Gehirndurchblutungsstörungen.

Ich kann mich noch sehr gut daran erinnern, wie mich seine negativen Aussagen getroffen haben. Ich hatte deshalb in der Schule auch immer Angst, konnte mich nur schwer konzentrieren und habe natürlich überhaupt nicht an mich geglaubt. Aufgrund seiner regelmäßigen negativen Aussagen habe ich immer gedacht, dass die anderen Schüler besser seien als ich. Ich hatte zeitweilig große Minderwertigkeitskomplexe. Es fiel mir dadurch auch immer schwerer in die Schule zu gehen und das Lernen interessierte mich immer weniger. So kämpfte ich mich durch die Pflichtschule. In der Berufsschule hat diese Prägung natürlich weitergewirkt und ich habe mit Ach und Krach die kaufmännische Berufsschule abgeschlossen. Danach habe ich mir gedacht, mich würde nie mehr eine Schule von innen sehen – Lernen aus und vorbei. Doch es kam anders.

Wie negative Selbstbilder begrenzen Nach diesen negativen Erfahrungen mit dem Direktor hatte ich natürlich im Zusammenhang mit Schule, Lehrern und Lernen eine negative Einstellung entwickelt. Alles, was mit diesem Thema zu tun hatte, brachte mich sofort in einen negativen emotionalen Zustand.

Mit siebzehn Jahren las ich das Yogabuch *Ein neues Leben durch Yoga* von Indra Devi. Ich merkte plötzlich, wie mich dieses Buch außerordentlich begeisterte. Bald darauf besuchte ich einen Yogakurs. Schon nach einigen Yogastunden spürte ich, wie ich plötzlich loslassen und mich optimal entspannen konnte. Ich spürte auch im Yogakurs, dass mein Körper – obwohl erst 17 Jahre jung –, durch meine vielen Ängste und durch den ständigen Stress völlig steif geworden war. Das war eine erschreckende Erkenntnis für mich. Gott sei Dank trieb mich diese Erkenntnis nach vorne. So besuchte ich nach dem ersten Kurs einen zweiten, dritten usw. Und ich hatte Erfolg, ich wurde wieder flexibel. Was aber viel wichtiger war, war, dass ich plötzlich dadurch auch mein Selbstbild änderte.

Die positiven Erfahrungen mit Yoga trieben mich vorwärts. Mittlerweile war ich zwanzig Jahre und plötzlich erwachte mein Wissensdurst. Ich begann Bücher über gesunde Ernährung, Naturheilkunde und positives Denken zu lesen. Nach und nach wurde mir immer mehr und mehr bewusst, dass Gedanken Kräfte sind. Mir wurde bewusst, dass negatives Denken in der Sackgasse endet und dass Probleme nur durch eine positive Einstellung gelöst werden können.

Mir wurde plötzlich sonnenklar, dass ich mich nur zum Positiven verändern konnte, wenn ich beginnen würde positiv über mich selbst zu denken. Das war nicht so leicht am Anfang, nach dem vielen Frust, den ich in der Schule und in meinem Leben erlebt hatte. Trotz der Anfangsschwierigkeiten fing ich an, mich auf meine Stärken zu konzentrieren. Ich achtete auf das, was ich gut machte. Mein Selbstbild wurde langsam positiver. Das half mir auch, mit meinen Schwächen deutlich besser umzugehen. Ich erkannte, dass ich ja nicht perfekt sein muss, aber dass es wichtig ist, trotz aller Schwächen an mich und meine Fähigkeiten zu glauben.

Wo stehen Sie persönlich? Jeder Mensch hat Stärken und Schwächen. Niemand ist perfekt, auch erfolgreiche Menschen nicht. Regelmäßig persönlich zu wachsen ist enorm wichtig für unser Selbstbild und Selbstvertrauen. Entscheidend ist nicht, wo ein Mensch steht, sondern wohin er will. Persönlich zu wachsen bedeutet Schwächen und Blockaden zu überwinden und das eigene Potenzial zu entfalten. Mit dem Überwinden jeder Schwäche werden Sie innerlich stärker und fühlen sich großartig. Sie erleben, dass Sie nicht an Ihre Schwächen gebunden sind, sondern dass Schwächen lediglich noch nicht entwickelte Stärken sind.

Persönlichkeitsentfaltung ist ein lebenslanger Prozess. Ich habe einmal gelesen *„Unsere Talente sind ein Geschenk von Gott an uns, was wir daraus machen, ist ein Geschenk von uns an Gott“*. Die beständige Arbeit an uns selbst gehört zu den lohnendsten Aufgaben in unserem Leben. Persönlichkeiten wie *Mahatma Gandhi, Albert Schweitzer, Mutter Theresa* hatten zwar keinen kommerziellen Erfolg, sie waren als Menschen jedoch ein totaler Erfolg. Bei all Ihren Bestrebungen sollten Sie das Ziel haben, als Mensch ein Erfolg zu sein. Eine erfolgreiche Persönlichkeit wird stets versuchen mehr zu geben als zu bekommen.

Es ist ein Unterschied, ob ein Mensch in seinem Leben Erfolg hatte oder ob er selbst ein Erfolg war.

Je mehr Sie Ihre Talente, Ihre Fähigkeiten und Ihre Persönlichkeit entfalten, umso mehr können Sie geben. Je mehr wir anderen Menschen geben, umso besser fühlen wir uns. Was hätte es *Mozart* oder *Beethoven* genutzt, wenn er allein für sich selbst im stillen Kämmerlein musiziert hätte? Was hätte es einem *Vincent van Gogh* und einem *Rembrandt* genutzt, wenn sie die Bilder für sich allein gemalt hätten? Erst wenn wir unsere Talente und Fähigkeiten in den Dienst unserer Mitmenschen stellen, kreieren wir dadurch einen wirklichen Wert.

Bauen Sie ein positives Selbstbild auf Unser Selbstbild ist das Gesamtbild aller unserer Selbstbilder. Wir haben Hunderte von Selbstbildern und unser gesamtes Selbstbild ist aus einer Mischung von positiven und negativen Bildern entstanden.

Die Arbeit an unserem Selbstbild ist die Voraussetzung dafür, dass wir dauerhafte positive Veränderungen in unserem Leben bewirken. Solange sich jemand in einem

Bereich als schwach und unfähig sieht, hat dieser Mensch weder den Mut, noch die Motivation in diesem Bereich etwas zu verändern. Aufgrund unseres Selbstbildes bauen wir unsere Erwartungshaltungen auf. Erwartungshaltungen haben nach dem Gesetz der selbsterfüllenden Prophezeiung immer die Tendenz, sich zu erfüllen.

Wir alle haben im Innersten unser persönliches Idealbild. Dieses Bild hat weder etwas mit unrealistischen Fantasien zu tun noch mit dem, wie andere Menschen uns gerne sehen würden. Unser persönliches Idealbild ist nicht egoistisch orientiert.

Aufgabe

Bitte beantworten Sie folgende Fragen schriftlich:

- Wie würde mein persönliches Idealbild aussehen?
- Zu welcher Persönlichkeit möchte ich mich entfalten?
- Wie würde mein idealer Fitness- und Gesundheitszustand aussehen?
- Welchen Platz möchte ich in der Gesellschaft einnehmen?
- Was für ein Partner möchte ich sein?
- Was für ein Vater, was für eine Mutter möchte ich sein?
- Was für ein Geschäftspartner möchte ich sein?
- Welche positiven Charaktereigenschaften möchte ich haben?

Ein Mensch verhält sich fast ausnahmslos in Übereinstimmung mit seinem Selbstbild.

Dr. M. Maltz

Am Anfang soll das ein Rohentwurf sein, den Sie dann immer wieder lesen und überarbeiten sollten. Je öfter Sie sich gedanklich mit diesem positiven Selbstbild befassen, umso mehr wird sich Ihr Verhalten in Richtung neues Selbstbild verändern. Natürlich ist es wichtig, dass Sie ein Idealbild entwerfen, welches Sie sich wirklich intensiv wünschen und an dessen Verwirklichung Sie auch glauben. Die optimale Beschreibung des Selbstbildes entsteht, wenn Sie regelmäßig den Rohentwurf lesen, sich geistig dieses Bild ausmalen und überarbeiten. Plötzlich haben Sie die optimale Beschreibung des idealen Selbstbildes.

Durch diese mentale Arbeit wird Ihr Idealbild immer mehr in Ihrem Unterbewusstsein eingeprägt und wirkt von dort aus weiter.

Wünsche, Träume und Visionen

Erfolg ist untrennbar mit unseren Wünschen und Träumen verbunden. Wir sind in dem Maße erfolgreich, in dem wir unsere Wünsche, Träume, Visionen und Ziele verwirklichen. Wer das Leben von Menschen, die in ihrem Leben etwas erreicht haben, studiert, wird feststellen, dass sie eine klare Vorstellung davon hatten, was sie in ihrem Leben erreichen wollten. Nur ein Mensch, der an der Verwirklichung von persönlichen Träumen, Wünschen und Zielen arbeitet, entwickelt die Motivation und Begeisterung für außergewöhnliche Leistungen. Ohne Träume, Wünsche und Ziele, für die wir uns von Herzen begeistern können, werden wir im Leben nicht erfolgreich sein.

Wünsche sind die Vorboten der Fähigkeiten, die in dir liegen, Anzeiger dessen, was du zu leisten imstande bist.

J. W. v. Goethe

Auch wenn Menschen sich unter Erfolg unterschiedliche Dinge wie Karriere, ein harmonisches Familienleben, eine stabile Gesundheit, viel Geld, gute Freunde u.a. vorstellen, immer hat Erfolg mit der Erfüllung von Wünschen zu tun. Wir können uns in unserem Leben zwar nicht alle Wünsche erfüllen, dafür aber die wirklich wichtigen, sofern wir uns darauf konzentrieren.

Jede positive Veränderung, jeder Fortschritt in unserem Leben beginnt mit einem Gedanken, mit einer Idee, mit einem Wunschtraum, mit einer Vision. Alle positiven Fortschritte, die es in den letzten hundert Jahren gegeben hat, sind das Ergebnis von Träumen und Visionen. Es waren Menschen, die von einer positiven Zukunft geträumt haben, die positive Veränderungen in der Welt geschaffen haben. Erfolgreiche Menschen sind immer Menschen mit Wünschen und Träumen.

In Wünschen und Träumen steckt die Kraft zu ihrer Verwirklichung Ob man erfolgreiche Persönlichkeiten interviewt oder Biografien von erfolgreichen Menschen studiert: immer wieder kann man feststellen, dass viele dieser Menschen ursprünglich ganz normale Menschen mit durchschnittlicher Begabung waren. Oft blickt man auf erfolgreiche Persönlichkeiten und denkt, dass diese Menschen als Genie geboren wurden. Dies trifft jedoch nur in einzelnen Fällen zu. Nicht jeder Mensch ist ein Genie, aber jeder Mensch hat potenzielle Begabungen. Warum verschiedene Menschen weitaus mehr erreichen als andere liegt daran, dass sie ihre Talente viel besser nutzen.

Am Anfang hatten diese Menschen einen Wunschtraum, der sie durch und durch begeistert und motiviert hat. Sie wussten genau, was sie wollten, hatten also eine klare, bildhafte Vorstellung von dem, was sie erreichen wollten, sie hatten eine Vision.

Der Multimillionär *Bunker Hunt* wurde einmal in einem Interview nach dem Geheimnis seines Erfolgs gefragt. Er sagte, dass der Erfolg eigentlich nur von drei Dingen abhänge. Der erste Schritt zum Erfolg sei genau zu wissen, was man erreichen will, also eine klare bildhafte Vorstellung. Nach seiner Meinung scheitern hier schon die meisten Menschen. Sie wollen alles Mögliche, können sich jedoch nicht definitiv für einige wesentliche Wünsche entscheiden. Der zweite Schritt liegt darin, festzustellen, welchen Preis man für den gewünschten Erfolg bezahlen muss. Der dritte Schritt fordert, dass der notwendige Preis auch bezahlt wird.

Nur klare, präzise Wünsche haben eine enorme Kraft. In jedem klaren, bildhaften Wunsch steckt die Kraft zu dessen Verwirklichung. Kleine, oberflächliche Wünsche sind nur eine schwache Kraft. Wunschträume – Visionen – sind jedoch eine sehr starke Kraft. Sie kommen weniger vom Kopf, sondern vielmehr von unserem Unterbewusstsein. Sie sind deshalb ganz stark emotional geladen. Menschen, die sich auf ihre emotional stärksten Wünsche besinnen, können sich deshalb auch langfristig für die Realisierung einer Vision begeistern.

Warum werden viele Träume niemals wahr? Menschen haben zwar Wünsche und Träume. Oft sind diese Träume und Wünsche aber vage. Schwache und vage Wünsche haben jedoch wenig Aussicht auf Realisierung. Wenn man Menschen nach ihren Wünschen fragt, hört man Aussagen wie: *„Ich wünsche mir mehr Geld, eine bessere Wohnung, dass ich nicht krank werde, eine bessere Stellung, ein höheres Einkommen, einen besseren Partner, bessere Nachbarn, mehr Freizeit."* All diese Aussagen sind unpräzise und sie klingen auch nicht so, als ob sie sich so schnell erfüllen würden.

Ein weiterer Grund, warum die persönlichen Wünsche nicht verwirklicht werden, ist der, dass man zu viele Wünsche hat und die Wünsche immer wieder ändert. Das ist ungefähr so, wie wenn Sie heute die Samen für Karotten aussäen, nächste Woche graben Sie diese wieder aus und säen Samen für Rettich, übernächste Woche graben Sie diese wieder aus und säen Samen für Mais usw. Sie würden ein solches Verhalten sicher verrückt finden. Wer aber immer wieder seine Wünsche ändert, handelt so, und kommt daher nie ans Ziel.

Natürlich wünschen sich die meisten Menschen Dinge wie mehr Geld, eine bessere Gesundheit, eine bessere Partnerschaft, mehr Freizeit, eine bessere Lebensqualität usw. Viele verhalten sich aber so wie die Leute, die denken, sie müssten nur wöchentlich den Lottoschein ausfüllen und abgeben und eines Tages würde dass Geld auf sie niederregnen. So warten viele Menschen darauf, dass eines Tages eine gute Fee kommt und ihre Wünsche erfüllt.

Oberflächliches Wünschen hat aber noch nie dazu geführt, dass sich diese Wünsche erfüllt hätten. Wer sich auf zu viele oberflächliche Wünsche konzentriert, verpufft seine Energie. Dadurch fehlt die Energie für einige wenige besonders wichtige Wünsche. Erfolgreiche Menschen sind deshalb auch Meister der Beschränkung. Statt auf viele unwesentliche Dinge konzentrieren sie sich auf die wesentlichen Aufgaben.

Wünsche werden oft nicht als klare Ziele definiert
Die nicht klar definierten Wünsche lauten oft: *„Ich wünsche mir mehr Geld“, „Ich wünsche mir eine bessere Stelle“* usw. Während viele Ziele oft sachlich rational sein können, sind Wünsche fast ausschließlich emotional. Millionen von Menschen haben den Wunsch, Lottomillionäre zu werden. Wie viele von denen, die regelmäßig Lotto spielen, haben aber klar gesteckte finanzielle Ziele? Ziele, die wir nicht haben, können wir auch nicht erreichen. Die allermeisten Träume und Wünsche haben nur dann eine Chance zur Realisierung, wenn wir sie als klare Ziele formulieren.

Mangelnder Glaube Während ohne Ziel der Weg zur erfolgreichen Umsetzung nicht erkennbar ist, fehlt ohne Glauben an unsere Wünsche die geistige Kraft, die wir brauchen, um diese umzusetzen. Nehmen wir an, Sie haben eine fantastische geschäftliche Idee, zweifeln aber daran diese umsetzen zu können. Die Wahrscheinlichkeit ist in diesem Falle sehr hoch, dass Sie erst gar nicht mit der Umsetzung dieser Idee beginnen werden. Ohne den Glauben an den Erfolg einer Sache fehlt uns auch die erforderliche Motivation dazu. Es ist immer der Glaube, der uns hilft, das scheinbar Unmögliche möglich zu machen.

Zu viele Wünsche Jeder Wunsch setzt Energie frei. Wenn Sie jedoch zu viele Wünsche haben, wird die Energie, die Ihnen zur Verfügung steht, gesplittet. Das bedeutet, dass Sie pro Wunsch noch einen gewissen Prozentsatz an Energie zur Verfügung haben. Anders sieht es aus, wenn Sie weniger wichtige Wünsche gegenüber wichtigen Wünschen zurückstellen. Wenn Sie Ihre Energie über einen gewissen Zeitraum nur auf ein, zwei oder drei Wünsche richten, werden Sie erstaunliche Fortschritte machen. Konzentrieren Sie sich deshalb auf Ihre wichtigsten Träume und Wünsche.

Die Gewöhnung an Ersatzbefriedigung Vieles im Leben ist Gewohnheit und so kann es auch zur Gewohnheit werden, sich an Ersatzbefriedigung zu gewöhnen. Immer wieder erzählen mir Seminarteilnehmer, dass sie gerne eine bessere Arbeitsstelle hätten. Meistens konnte ich erfahren, dass sie in ihrer Tätigkeit keine besondere Erfüllung hatten, aber ein gutes Einkommen bezogen. Viele von ihnen haben sich mit dem guten Gehalt und dem, was sie mit dem Geld tun konnten, darüber hinweggetröstet, dass sie keine Erfüllung in ihrer Tätigkeit fanden. Jeder Mensch hat die Tendenz, sein Verhalten zu verteidigen, egal, ob dieses für ihn förderlich oder hinderlich ist. So konnte ich auch immer

Wir müssen und sollen gar nicht überall das Maximale anstreben, aber das Ideale.

wieder hören: *„Nicht jeder kann seinen Traumjob haben."* Ich glaube, dass zwischen dem Standard, den viele Menschen in ihrem Leben haben, und den maximalen Möglichkeiten eine große Bandbreite existiert.

Während das Maximale oft auf Quantität abzielt, orientieren wir uns mit dem Idealen meistens an unserer persönlichen Lebensqualität. Die Gewöhnung an eine Arbeitsstelle, an einen Wohnort, an ein gewisses Einkommen, an gewisse Menschen kann Sie in starkem Maße daran hindern, persönliche Idealvorstellungen zu verwirklichen.

Mangelnde Intensität des Verlangens Kennen Sie auch Menschen, die sich ein bis zwei Wochen enorm für eine Sache begeistern können und nach zwei bis drei Wochen lässt ihre Begeisterung immer mehr und mehr nach? *Napoleon Hill,* den ich in meinem Buch mehrfach anführe, hat immer wieder bei seinen Untersuchungen entdeckt, dass erfolgreiche Menschen stets von einem starken Wunschtraum getrieben wurden. Hill sagte, dass sie ein brennendes Verlangen hatten, ihren Traum zu verwirklichen. Je größer Ihr Verlangen ist, einen Traum zu verwirklichen, umso größer wird die Energie sein, die Sie dafür freisetzen. Kleine Wünsche setzen nur geringe Kraft frei, während große Träume enorme Kräfte freisetzen. Es genügt aber nicht, sich nur für einige Wochen für eine Sache zu interessieren und zu begeistern. Sie müssen sich täglich mit Ihrem Traum gedanklich beschäftigen. Sie müssen ständig darüber nachdenken, wie Sie an diesem Tage Ihrem Traum wieder näher kommen können. Sie müssen sich Ihren Wunschtraum ausmalen und das Verlangen stets hochhalten.

Wecken Sie den schlafenden Riesen in sich Sie sind einmalig und Sie haben einzigartige Begabungen. Sie haben ein enormes ungenutztes Potenzial, welches darauf wartet aktiviert zu werden. In dem Moment, in dem eine Person, die Sie lieben, in großer Gefahr wäre, würden Sie mit hoher Wahrscheinlichkeit ungeahnte Kräfte mobilisieren, um diese Person zu retten. Sie würden alle Energien mobilisieren und würden kämpfen wie ein Löwe.

Folgende Geschichte hat sich zugetragen: Eine Mutter blickte aus dem Fenster und beobachtete, wie ihr Sohn eine Reparatur an seinem Auto durchführte. Mittels eines Wagenhebers hob er das Auto auf einer Seite mehrere Zentimeter vom Boden ab, sodass er für die Arbeit unter das Auto liegen konnte. Nachdem das Gelände leicht schräg war und er das Auto zu wenig abgesichert hatte, hielt der Wagenheber nicht und er wurde unter dem Auto eingeklemmt. Seine Mutter, die die ganze Sache beobachtete, rannte sofort aus dem Haus und eilte zu ihrem Sohn. Ohne lange zu überlegen, packte sie das Auto an der Stoßstange und hob das Auto kurz so weit hoch, dass ihr Sohn herauskriechen konnte. Als diese Geschichte bekannt wurde, kamen Reporter zu ihr und baten sie, für ein Bild in der Zeitung nochmals das Auto hochzuheben. Obwohl sie es nochmals mit aller Kraft versuchte, gelang es ihr trotz mehrerer Versuche nicht mehr.

Warum gelang es ihr beim ersten Mal und beim zweiten Mal nicht mehr? Sie können sich wahrscheinlich in diese Frau gut hineinversetzen. Während sie beim ersten Mal, als ihr Sohn unter dem Auto lag, von dem übermächtigen Wunsch getrieben wurde, ihren Sohn zu retten, war das Motiv, das Auto für ein Foto aufzuheben, einfach zu schwach.

Ist es nicht so, dass Menschen, die noch gesund sind, oft jede Mühe scheuen etwas für ihre Gesundheit zu tun? Sind andererseits Menschen, die sehr krank sind, oft nicht bereit, alles Menschenmögliche zu tun, um wieder gesund zu werden? Es sind immer die stärksten Wünsche, die uns antreiben, im Leben etwas positiv zu verändern. Dinge, die wir nur schwach wünschen, bewirken meistens gar nichts. Wenn Sie Ihre großen Wünsche aktivieren, dann wecken Sie gleichzeitig den schlafenden Riesen in sich.

Wünsche als Vorboten Ihrer Fähigkeiten Unsere innersten und stärksten Wünsche zeigen – wie es schon *Goethe* schrieb – an, dass wir das Potenzial zu ihrer Erreichung in uns tragen. Was sind unsere innersten und stärksten Wünsche? Das sind jene, die immer wieder in unserem Bewusstsein auftauchen und uns innerlich stark bewegen. Es sind nicht die vielen kleinen Wünsche, die einen Menschen weiterbringen, es sind die großen Wünsche. Nur große Wünsche holen unsere wahren Fähigkeiten aus uns heraus. Menschen, die Großes geleistet haben, waren immer Menschen, die einen großen Wunschtraum hatten.

Die wirklich großen Wünsche kommen nicht aus dem Kopf, sondern aus unserem *Herzen.* Unsere Herzenswünsche sind Wegweiser zu unserem bisher ungenutzten Potenzial. Mein Wunsch, ein Buch zu schreiben, war schon lange da, aber am Anfang kam dieser Wunsch zu stark aus meinem Kopf. Seit der Wunsch aus meinem Herz kommt und ich mit Herz und Seele dabei bin, fließen meine Gedanken und ich komme Schritt für Schritt vorwärts.

Nur starke Wünsche haben die Kraft uns zu helfen, unsere Fähigkeiten und Talente optimal zur Entfaltung zu bringen. Starke Wünsche und Talente treten immer paarweise auf. *Pedro Delgado,* der als Bergspezialist jahrelang zu den besten Radprofis der Welt gehörte, hatte den starken Wunsch, eines Tages die größte und schwierigste Rundfahrt der Welt, die „Tour de France", zu gewinnen. Er versprach seiner Mutter, dass er eines Tages den Tour de France-Sieg mit nach Hause bringen werde. *Pedro Delgado* war jahrelang bei der Tour de France in den Bergen der stärkste Fahrer. Sein Wunsch die Tour zu gewinnen scheiterte jedoch immer daran, dass er beim Zeitfahren zu viel Zeit einbüßte. In einem Jahr war *Pedro Delgado* jedoch in der Form seines Lebens. Durch seine bestechende Form schlüpfte er nach schwierigen Bergetappen in das gelbe Trikot des Führenden der Tour. Kurz darauf bekam er die traurige Nachricht, dass seine Mutter verstorben war.

Sein Rennstall wollte ihn zum Weiterfahren überreden. Dennoch stieg er, trotz führender Position und der hohen Wahrscheinlichkeit, die Tour zu gewinnen und sich somit seinen Wunschtraum zu erfüllen, aus der Tour aus. Er gab jedoch wegen dieses Schicksalsschlages seinen Traum nicht auf und nahm ein Jahr später wieder an der Tour teil. In diesem Jahr konnten ihn auch widrige Umstände und die extrem starke Konkurrenz nicht daran hindern, seinen Traum wahr zu machen. Er *gewann* die Tour de France und legte das gelbe Trikot des Siegers seiner Mutter aufs Grab. Auch wenn seine Mutter nicht mehr lebte, hatte er sein Versprechen erfüllt und seinen Traum wahr gemacht.

Nur die stärksten Wünsche verleihen uns die Kraft große Hindernisse zu überwinden. Bei schwachen Wünschen reichen oft schon kleine Hindernisse, uns dazu zu bringen, dass wir einen Wunsch nicht weiter verfolgen. Vielleicht sind Ihnen Ihre wichtigsten Wünsche und Träume gar nicht bewusst. In Ihrem Innersten keimt jedoch sicher der Wunsch, aus Ihrem Leben das Beste zu machen, Ihr Leben glücklich und erfolgreich zu gestalten. Ob Sie aus Ihrem Leben das Beste machen und glücklich und erfolgreich leben, hängt entscheidend davon ab, ob Sie an der Realisierung Ihrer wichtigsten Träume und Wünsche arbeiten.

Negative Programmierungen aus der Kindheit können natürlich durchaus die Kraft haben, dass Sie Ihre Wunschträume unterdrücken, weil Sie im Innersten nicht wirklich überzeugt sind, dass Sie diese verwirklichen können. Deshalb ist es wichtig, dass Sie sich einfach einmal Ihre Wünsche bewusst machen und diese auf ein Blatt Papier schreiben. Auch wenn Sie vielleicht denken, dass es genügt, die Wünsche im Kopf zu haben, bringt es große Vorteile, diese aufzuschreiben. Während Sie nachfolgend über Ihre Wünsche und Träume nachdenken, sollten Sie sich auf keinen Fall von ängstlichen Gedanken wie: *„Ob dieser Wunsch nicht zu hoch gegriffen ist?" oder „Sollte ich nicht besser auf dem Boden bleiben?" oder „Was werden die anderen darüber denken?" oder „Was ist, wenn ich es nicht schaffe?"* blockieren lassen.

Es geht nicht darum, wie Sie Wünsche umsetzen, sondern welche Wünsche Sie überhaupt haben.

Es geht jetzt noch gar nicht darum, wie Sie gedenken diese Wünsche umzusetzen, sondern welche Wünsche Sie überhaupt haben. Haben Sie ab sofort wieder den Mut große Träume zu träumen und große Wünsche zu pflegen! Nur große Träume und starke Wünsche haben die Kraft, das Beste aus Ihnen herauszuholen und jedes Hindernis zu überwinden.

Negative Lebenssituationen als Grundlage für positive Wünsche Was treibt einen Menschen mehr in seiner Entwicklung an – positive oder negative Lebensumstände? Bis auf Ausnahmen sind es meistens negative Lebensumstände, die Menschen zu positiven Veränderungen antreiben. Immer wieder kann man in den Biografien bekannter und erfolgreicher Persönlichkeiten nachlesen, dass sie sich aus ärmsten und widrigsten Umständen hochgearbeitet haben. Gerade in negativen Lebenssituationen entsteht oft der brennende Wunsch, das eigene Leben umzukrempeln.

Auch ich wurde in meiner Jugend durch meinen schlechten gesundheitlichen Zustand und schwierige Lebenssituationen angetrieben, eine Lösung zu finden. Nachdem mein Zustand trotz verschiedener ärztlicher Behandlungen eher schlechter als besser wurde, erkannte ich, dass ich auf diesem Weg nicht weiterkommen würde. Ich fing an verschiedenste Bücher über Gesundheit, Naturheilkunde und positive Lebensführung zu studieren. Der Wunsch, innere Harmonie und einen bestmöglichen Gesundheitszustand zu erreichen, war so stark, dass ich Hunderte von Büchern und Zeitschriften studierte. Als ich das Buch *Ein neues Leben durch Yoga* von *Indra Devi* las, war mir alles klar. Ich war überzeugt, dass Hatha-Yoga mir helfen konnte, meine innere Harmonie zu finden und meine Gesundheit zurückzugewinnen.

Mein Wunsch nach optimaler Gesundheit war so stark, dass ich beharrlich den Weg des Yogas in Angriff nahm. Meine drei Indienreisen und die Yogalehrer-Ausbildung in Indien sind nur ein Teil eines Weges, der mir Geduld, Beharrlichkeit und eine Menge Selbstdisziplin abverlangte.

Der Lohn war, dass ich schwere Leiden überwand und meine Lebensqualität stark verbesserte.

Auf meinem Weg gab es auch viele Hindernisse, aber mein Wunsch gesund zu sein gewann zusätzlich Stärke durch meinen Wunsch ein Yogaexperte zu sein. Ich wollte nicht nur etwas Yoga praktizieren, sondern ich wollte ein enormes praktisches Wissen entwickeln um damit anderen Menschen ebenfalls zu einem besseren Leben zu verhelfen. Glücklich kann ich heute sagen, dass mir dies seit längerem gelungen ist. Der Weg geht für mich aber weiter, denn ich habe noch viel vor.

Gedanken

Gibt es in Ihrem Leben auch negative Dinge, die Sie nicht mehr einfach länger hinnehmen wollen?

- Welche Dinge beeinträchtigen derzeit Ihre Lebensqualität?
- Welche ungelösten Probleme haben Sie?
- Mit welchen negativen Dingen in Ihrem Leben wollen Sie sich nicht mehr länger abfinden?
- Welche unerwünschten Dinge wollen Sie in den nächsten zwölf Monaten unbedingt positiv verändern?

Wenn Sie wie ich den starken Wunsch haben, etwas Negatives ins Positive zu transformieren, werden Sie ungeahnte Kräfte freisetzen, die Ihnen helfen, Ihren Wunsch zu erfüllen.

Wünsche lassen Sie Grenzen überwinden In einem Vortrag von *Paul Meyer,* dem Gründer von *Success Motivation Institut* in den USA, hörte ich eine wunderbare und wahre Geschichte über die Kraft der Wünsche.

Der Sohn einer wohlhabenden Familie saß jahrelang wegen einer Krankheit im Rollstuhl. Einige Wochen vor seinem fünfzehnten Geburtstag fragte ihn sein Vater, ob er einen besonderen Wunsch zu seinem Geburtstag habe. Der Junge überlegte und sagte seinem Vater: „Ich wünsche mir eine Statue, die nach meinem Bild gemacht werden soll, und ich möchte, dass sie im Garten steht." Sein Vater war über diesen Wunsch überhaupt nicht begeistert und versuchte seinen Sohn dazu zu überreden sich etwas anderes zu wünschen. Der blieb aber hartnäckig bei seinem Wunsch. Sein Vater gab schließlich nach und versprach ihm, eine Statue nach seinem Bild anfertigen zu lassen. Der Junge sagte zu seinem Vater: „Ich möchte aber, dass diese Statue meine wirkliche Körpergröße hat und dass sie steht und nicht sitzt."

Obwohl der Vater nach wie vor mit dem Wunsch seines Sohnes nicht wirklich einverstanden war, gab er die Statue in Auftrag. Am Tag des fünfzehnten Geburtstages stand die Statue im Garten und die Gäste bewunderten sie. Nach dem Geburtstag fuhr der Junge täglich mit seinem Rollstuhl ans Fenster und blickte im Garten auf die Statue. Dies machte er jeden Tag und auch wenn er im Garten war, betrachtete er längere Zeit die Statue. Ein Jahr ging schnell vorbei und der Junge hatte seinen sechzehnten Geburtstag. Am Morgen seines Geburtstages bat er seinen Vater, ihn in seinem Rollstuhl in den Garten zu seiner Statue zu fahren. Als der Junge mit dem Rollstuhl vor der Statue stand, erhob er sich plötzlich aus dem Rollstuhl und machte drei Schritte in Richtung Statue. Nun stand er vor seiner Statue und blickte ihr ins Gesicht. Sein Vater konnte es nicht fassen und ihm rannen Freudentränen über die Wangen.

Ohne das Wissen der Eltern hatte der Junge ein Jahr lang geübt und trainiert, immer wieder und immer wieder, bis er schließlich vor seiner Statue stand von Angesicht zu Angesicht. Auch wenn er in Folge nur schlecht gehen konnte, so konnte er sich immerhin, obwohl er jahrelang im Rollstuhl gesessen war, auf den eigenen Beinen fortbewegen.

Auch die Wünsche anderer Menschen berücksichtigen

Wirklich glücklich sind wir nur in Verbindung mit anderen Menschen. Schon in der *Bibel* heißt es: *„Liebe den Nächsten wie dich selbst."* Dort heißt es nicht, dass wir den anderen mehr lieben müssen als uns selbst, noch heißt es dort, dass wir uns selbst mehr lieben sollen als andere. Das *„Liebe den Nächsten wie dich selbst"* drückt das kosmische Gleichgewicht aus. Wir leben nicht als Einzelwesen auf diesem Planeten, sondern ständig in Verbindung mit anderen Menschen. Ein Mensch kann für sich allein weder erfolgreich noch glücklich sein; das sollten wir uns immer wieder bewusst machen. Erst durch andere Menschen haben wir die Chance, ein glückliches und erfolgreiches Leben zu führen.

> Von der Stärke des Wunsches hängt die Erfüllung meist mehr ab als von Intelligenz, Können und Vermögen des Wünschenden.
>
> *Dr. Gustav Großmann*

Das schönste Glück ist immer das, welches wir mit anderen Menschen teilen können.

Selbst wenn ein Mensch noch so gute Ideen oder Fähigkeiten hat, erfolgswirksam werden diese erst, wenn wir mit anderen Menschen in Verbindung treten. Ein Mensch, der nur egoistisch an der Verwirklichung seiner Wünsche arbeitet ohne Rücksicht auf die Wünsche seiner Mitmenschen, wird geistig-emotional niemals erfolgreich sein. Die schönsten Erfolge sind immer die, von denen nicht nur wir, sondern andere einen optimalen Nutzen haben.

Dass wir uns an den Bedürfnissen und Wünschen unserer Mitmenschen orientieren, ist sowohl sozial wie auch wirtschaftlich der in jeder Hinsicht entscheidende Erfolgsfaktor. Oft haben Menschen Bedenken, dass für ihre Wünsche zu wenig Zeit und Energie übrig bleibt, wenn sie sich auch auf die Bedürfnisse und Wünsche anderer Menschen konzentrieren. Natürlich kann man im Positiven auch übertreiben und ich kenne Menschen, die so viel für andere tun, dass sie für sich selbst kaum mehr Zeit haben. Das ist natürlich genauso ein Manko, denn wer zu wenig Zeit für sich hat, kann auch für andere nicht das Beste leisten.

In Wirklichkeit können wir sehr oft persönliche und fremde Wünsche parallel realisieren. Ein Musiker hat beispielsweise den Wunsch, ein großes Publikum zu erreichen und hunderttausende Tonträger zu verkaufen. Während er seinen Traum erfüllt, begeistert er gleichzeitig Tausende von Menschen. Ein Fachschriftsteller schreibt logischerweise auch dafür, seinen Wunsch zu erfüllen. Gleichzeitig kann er durch wichtige und nützliche Informationen anderen Menschen helfen, ihre Lebensqualität zu verbessern.

Ein Sportler hat natürlich den Traum zu den Besten zu gehören und den einen oder anderen großen Wettbewerb zu gewinnen. Gleichzeitig begeistert er wiederum Tausende von

Zusehern durch seine guten Leistungen. Natürlich hat sich Mutter Theresa an den Bedürfnissen Tausender armer Menschen orientiert, gleichzeitig hat sie aber sich beispielsweise den eigenen Wunsch erfüllt, eine gute Christin zu sein und das Gebot der Nächstenliebe zu erfüllen.

Wenn wir anderen Menschen helfen ihre Wünsche zu realisieren, helfen wir ihnen, ihre Lebensqualität zu heben. Ich habe in meiner jahrelangen Tätigkeit als Trainer immer versucht, andere Menschen dabei zu unterstützen, dass sie ihre Wünsche und Ziele leichter und erfolgreicher realisieren können. Regelmäßig habe ich von Teilnehmern gehört, dass meine Seminare und Kurse für sie persönlich und beruflich eine wertvolle Unterstützung waren. Regelmäßig kommt ein Brief oder Fax in meine Firma, in dem Teilnehmer mir schildern, was ihnen durch meine Unterstützung gelungen ist. Solche positiven Feedbacks freuen mich natürlich und zeigen mir, dass ich beruflich genau das Richtige mache. Ich denke immer wieder, dass das Gute, das wir teilen, sich multipliziert.

Die wertvollsten Wünsche sind immer die, durch welche wir gleichzeitig das Leben anderer Menschen bereichern.

Jetzt einmal unabhängig vom Preis: In welchen Geschäften kaufen Sie regelmäßig ein und in welchen waren Sie nur ein Mal? Haben Sie schon überlegt, warum Sie gewisse Geschäfte immer wieder aufsuchen und gewisse Geschäfte regelmäßig meiden? Wenn es nicht wegen des Preises ist, dann kann es z.B. wegen der Qualität, Auswahl oder eines besonderen Angebotes sein.

Haben Sie schon darüber nachgedacht, wie das Verhalten und die Kompetenz des Verkaufspersonals Ihre Kaufentscheidungen beeinflusst?

Jeder Mensch hat – wenn er in ein Geschäft geht – bestimmte Wunschkriterien. Die Wunschkriterien sind unsere Vorstellungen, was wir uns an Vorteilen und Vorzügen beim Einkaufen erwarten. Da viele Wunschkriterien unbewusst sind, halten wir auch unbewusst Ausschau, dass wir sie möglichst gut erfüllen können. Auf einen Satz gebracht bedeutet dies: *„Sie kaufen dort am liebsten ein, wo Ihre Wunschkriterien am besten erfüllt werden."* Die Kaufkriterien sind alles andere als nur rational, sondern besonders stark emotional. Im Prinzip wollen wir nicht nur eine Ware kaufen, sondern wir wollen vom Verkaufspersonal auch freundlich und positiv behandelt werden. Die Chance, dass wir ein Geschäft immer wieder aufsuchen, ist umso größer, je mehr das Verkaufspersonal auf unsere Bedürfnisse und Wünsche eingeht. Unser Kaufwiderstand ist umso höher, je weniger Verkäufer auf unsere Wünsche eingehen.

Jeder Mensch sucht die Anerkennung und die Wertschätzung anderer Menschen. Die Anerkennung durch andere Menschen hat einen positiven Einfluss auf unser Selbstwertgefühl und Selbstvertrauen. Der starke Wunsch nach Lob und Anerkennung ist bei jedem Menschen da und er ist immer da. Natürlich kann ein Mensch sagen, der gerade sehr erfolgreich ist: „Ich brauche keine Anerkennung und Lob." Wer jedoch erfolgreich ist, bekommt dies ohnehin automatisch. Grundsätzlich suchen wir immer wieder die Bestätigung unserer Persönlichkeit durch andere Menschen.

Spenden Sie deshalb Ihren Mitmenschen regelmäßig ehrliche Anerkennung und loben Sie sie für Dinge, die nicht selbstverständlich sind. Spenden Sie mindestens zehnmal mehr Lob, als Sie Kritik an anderen Menschen äußern. Durch ein Lob bestätigen Sie das positive Verhalten eines Menschen und bestärken ihn automatisch, dieses Verhalten zu wiederholen.

Denken Sie also daran: einer der größten Wünsche Ihrer Familienmitglieder, Freunde, Bekannten, Arbeitskollegen ist der, regelmäßig positives Feedback zu erhalten.

Machen Sie sich Ihre wichtigsten Wünsche bewusst.

Aufgabe

Bitte beantworten Sie folgende Fragen schriftlich:

1 Was sind meine drei wichtigsten Wünsche für meine persönliche Entfaltung?

2 Was sind gegenwärtig meine drei wichtigsten beruflichen Wünsche?

3 Was sind gegenwärtig meine drei wichtigsten familiären Wünsche?

4 Was sind gegenwärtig meine drei wichtigsten partnerschaftlichen Wünsche?

5 Was sind gegenwärtig meine drei wichtigsten gesundheitlichen Wünsche?

6 Was sind gegenwärtig meine drei wichtigsten finanziellen Wünsche?

7 Was sind gegenwärtig meine drei wichtigsten materiellen Wünsche?

8 Was sind gegenwärtig meine drei wichtigsten Wünsche in Bezug auf meine Weiterbildung?

9 Was sind gegenwärtig meine drei wichtigsten Wünsche in Bezug auf meine Mitmenschen?

10 Welche negative Lebenssituation möchte ich ins Positive transformieren?

11 Welche drei Herzenswünsche sind Ihnen wichtiger als alle anderen Wünsche?

Schreiben Sie Ihre wichtigsten Wünsche unbedingt auf. Im Kapitel „Ziele – Wegweiser zum Erfolg“ lernen Sie, wie Sie Ihre wichtigsten Wünsche Schritt für Schritt realisieren können. Wünsche ohne Zielsetzung werden selten realisiert, Zielen ohne starke Wunschkraft fehlt wiederum die emotionale Kraft zu ihrer Verwirklichung.

Lassen Sie sich nicht um Ihre Träume bringen Jeder Mensch hat in den ersten zehn Jahren seines Lebens sowohl positive wie auch negative Botschaften über sich selbst aufgenommen. Unbewusst haben diese Suggestionen unsere Überzeugungen und Glaubenshaltungen negativ geprägt. Diese Prägungen – die oft jeder verstandesmäßigen Betrachtungsweise widerstreben – sind in unserem Unterbewusstsein als subjektive Wahrheiten gespeichert.

Angenommen, einer Ihrer Lehrer hat während Ihrer Schulzeit einmal zu Ihnen gesagt: „Für Musik bist du völlig unbegabt“ kann dies schon gereicht haben, dass Sie – obwohl Sie vielleicht musikalisch sehr begabt wären – nie über durchschnittliche Leistungen hinausgewachsen sind. Vielleicht spüren Sie immer wieder den Wunsch zu musizieren. Der Wunsch wird jedoch durch Ihre Überzeugung, für Musik nicht begabt zu sein, blockiert.

Schon vor Jahren hatte ich gute Ideen für ein Buch, aber unbewusst hat mich immer wieder etwas davon abgehalten. Nach und nach habe ich erforscht, was mich davon abgehalten hat. Unbewusst wurde ich dadurch blockiert, dass ich früher in der Schule in Deutsch nie besonders gut war. Das nächste war, dass ich dachte, dass ich noch viel zu wenig gut dafür sei, ein gutes Buch zu schreiben. Als ich vor Jahren darüber sprach, ein Buch zu schreiben, sagte eine Person zu mir, dass ich dafür sowieso keinen Verlag finden würde. Unbewusst haben mich all diese Dinge blockiert und erst nachdem ich dies erkannte, konnte ich diese Blockaden wegräumen.

Es gibt leider viele Menschen, die ihre Wünsche und Träume schon begraben haben. Wenn Sie solchen Menschen Ihre Wünsche anvertrauen, werden Sie in der Regel in Ihren Vorhaben nicht bestärkt. Sie müssen dann damit rechnen, dass diese Menschen versuchen, Ihre Träume anzuzweifeln. Es ist deshalb sehr wichtig, dass Sie Ihre Wünsche nur Menschen anvertrauen, von denen Sie sicher wissen, dass diese Ihnen den Erfolg hundertprozentig gönnen. Nur von solchen werden Sie auch positive Rückmeldungen und die notwendige Unterstützung erhalten. Erkennen Sie in Ihrem Leben, ganz klar zu unterscheiden zwischen Menschen, die einen positiven Einfluss auf Sie haben, und solchen, die Sie negativ beeinflussen, bremsen und blockieren. Lassen Sie sich von niemandem um Ihre Träume bringen.

Jeder ist in seinem Innersten mit dem Universum verbunden, welches in uns gegenwärtig ist. Wir nennen diesen zentralen Wesenskern das Selbst. Wann immer wir etwas wünschen, uns mit ganzem Herzen darauf konzentrieren, nach seiner Verwirklichung streben und den Erfolg bejahen, strömen Kräfte des Universums in uns ein, die uns bei der Realisierung helfen. Jeder kann, solange er das Gute will und tut, dieser Hilfe teilhaftig werden. Sie bedient sich unserer positiven Gedanken und Gefühle als Träger und führt uns eben das zu, was die Verwirklichung ermöglicht.

Henry Ford

Träumen Sie Ihren Erfolgstraum Das, was Sie Tag für Tag über sich und Ihre Zukunft denken, wird Ihr Leben ganz entscheidend beeinflussen. Leben ist im Prinzip Denken, welches nach außen hin sichtbar wird. Jeder Mensch hat seine Zukunft unbewusst im Kopf. Wir haben die Fähigkeit, durch unsere Imagination eine Vision unseres gewünschten Erfolges zu formen. Durch unsere Vorstellungskraft können wir Ziele bildhaft in unserem Kopf entwerfen. Ich bin dankbar für die wunderbaren Erfindungen, die von Menschen gemacht wurden, die mein Leben erleichtern und zu einer höheren Lebensqualität beitragen.

Alle positiven Errungenschaften sind das Ergebnis von Visionen. Wenn wir darüber nachdenken, wie viele neue und noch bessere Produkte in den letzten Jahren auf den Markt gekommen sind, dann wird uns bewusst, dass die Entwicklung ständig weitergeht. Visionen sind Wegbereiter für unsere Zukunft. Eine Erfolgsvision ist wie ein Leitstern, an dem Sie sich unbewusst orientieren.

Gehen wir davon aus, dass Sie in Ihrem Leben in den nächsten drei Jahren in allen wichtigen Lebensbereichen die Entwicklung durchmachen, die Sie sich wünschen. Wie würde Ihr Leben in diesen Bereichen idealerweise aussehen? Bitte suchen Sie nicht nach perfekten Vorstellungen, sondern nach solchen Idealvorstellungen, die auch wirklich realisierbar sind.

Aufgabe

Bitte entwerfen Sie für jeden Lebensbereich eine positive Vision, wie Ihr Leben innerhalb der nächsten drei Jahre idealerweise aussehen soll. Orientieren Sie sich bei der Entwicklung Ihrer Visionen auch an Ihren Angaben, die Sie im Absatz „Machen Sie sich Ihre wichtigsten Wünsche bewusst“ gemacht haben.

Sehen Sie jeden Bereich so, wie wenn Sie Ihre Vision bereits erfolgreich realisiert hätten.

Persönlich/geistig

Welche neuen Stärken haben Sie entwickelt?
Welche Schwächen haben Sie abgelegt?
Welche Talente haben Sie entfaltet?
Was haben Sie Neues gelernt?
Was haben Sie in Ihrer Einstellung verbessert?
Wie ist Ihr Selbstvertrauen?
Wie haben Sie sich gesamthaft als Mensch verbessert?

Familie/Partnerschaft

Inwieweit sind Sie für Ihren Partner, Ihre Kinder und andere Familienmitglieder wertvoller geworden?
Welche positive Veränderungen haben Sie durchgeführt?
Wie haben Sie sich gesamthaft als Partner, Vater oder Mutter verbessert?

Beruf/Finanzen

Wie sieht Ihre finanzielle Situation aus?
Was haben Sie im Umgang mit Geld verbessert?
Was haben Sie in Ihrer Einstellung zum Geld verbessert?
Was haben Sie in den letzten drei Jahren finanziell gesamthaft verbessert?

Gesundheit

Haben Sie neue gesundheitsförderliche Gewohnheiten entwickelt?
Sind Sie leistungsfähiger geworden?
Sind Sie belastbarer geworden?
Haben Sie gesundheitliche Schwachpunkte verbessert?
Hat sich Ihr allgemeiner gesundheitlicher Zustand verbessert?

Freunde/Gesellschaft

Haben Sie neue Freunde gewonnen?
Haben sich bisherige Freundschaften noch verbessert?
Sind andere Menschen gerne mit Ihnen zusammen?
Handelt es sich bei Ihren Freunden hauptsächlich um positive Menschen?

Materielles

Welche wichtigen materiellen Wünsche haben Sie sich erfüllt?
Was haben Sie materiell zur Steigerung Ihrer Lebensqualität verändert?

Entwerfen Sie in jedem Bereich ein geistiges Bild dessen, was Sie innerhalb der nächsten drei Jahre erreicht haben wollen.

Setzen Sie Ihre Träume mutig um Visionen, Träume und Wünsche sind die Voraussetzung für Ihren Erfolg. Entscheidend ist aber, dass Sie sofort damit beginnen, die drei wichtigsten Träume und Wünsche in die Tat umzusetzen. *Emerson* hat geschrieben: *„Die Kraft zu etwas, wird handelnd mobilisiert."* Wie oft höre ich Menschen sagen: „Ich möchte und eines Tages werde ich ..." doch dieser Tag kommt für die meisten nie. Wenn Sie Ihre drei wichtigsten Wünsche kennen, dann sollten Sie nicht mehr länger warten, sondern jetzt damit beginnen, diese mutig umzusetzen. Selbst die längste Reise beginnt mit dem ersten Schritt. Wenn Sie sich Ihre wichtigsten Wünsche bewusst gemacht haben, haben Sie bereits die wichtigsten Schritte zu deren Verwirklichung gemacht.

Wenn das Leben keine Vision hat, nach der man strebt, nach der man sich sehnt, die man verwirklichen möchte, dann gibt es auch kein Motiv, sich anzustrengen.

Erich Fromm

Nichts wird Ihnen mehr helfen, Ihre Visionen, Träume und Wünsche erfolgreich umzusetzen, als die Kunst der Zielsetzung. Ich habe im Laufe der Zeit erfolgreiche Menschen aus allen Lebensbereichen studiert und immer wieder festgestellt, dass alle mit Zielen gearbeitet haben. Sie alle wussten jedes Jahr, jeden Monat, jede Woche und jeden Tag genau, was sie wollten. Fast alle hatten ihre Ziele und Träume schriftlich fixiert.

Bei meinen Studien ist mir aufgefallen, dass Leute, die großen Erfolg im Beruf, Sport oder einem bestimmten Bereich hatten, in anderen wichtigen Bereichen ihres Lebens oft weniger erfolgreich waren. Das hat bei mir die Frage aufgeworfen: Sind erfolgreiche Menschen vielleicht gar nicht so erfolgreich, wie das den Anschein hat? Meine Erkenntnis war JA und NEIN. Ja in den Bereichen, in denen sie sich stark auf ihren Erfolg konzentriert haben. Nein in den Bereichen, in denen sie sich nicht auf den Erfolg konzentriert haben. Was bedeutet das?

Ein Manager, den ich analysierte, hatte beruflich großen Erfolg. Seine Partnerschaft und Familienleben waren aber ein Misserfolg und auch seine Gesundheit war nicht gut. Mir fiel auf, dass Menschen oft in einem einzigen Bereich Top-Ergebnisse erzielten und in anderen Bereichen weit weg von zufriedenstellenden Ergebnissen waren. Ich wollte wissen, warum.

Meine Vermutung wurde bestätigt. Erfolgreiche Menschen waren nur in den Bereichen erfolgreich, wo sie klare Ziele hatten. In den anderen wichtigen Lebensbereichen, in denen klare Ziele fehlten, waren die Ergebnisse völlig unbefriedigend oder schlecht bis sehr schlecht. Das hat mir bewusst gemacht, dass selbst erfolgreiche Menschen nur dort Erfolg haben, wo sie sich ständig auf klare Ziele konzentrieren, und dass sie in den Bereichen, in denen sie keine klaren Ziele haben, nicht besser dran sind als viele andere Menschen auch.

Probleme sind Chancen

Wenn Hindernisse auftauchen, zeigen Menschen, aus welchem Holz sie geschnitzt sind. Gerade in Anbetracht von Schwierigkeiten zeigt sich die wahre Einstellung eines Menschen. Es heißt: *„Kraft wächst am Widerstand."* In Wirklichkeit sind Hindernisse gut, denn an ihnen können wir wachsen und uns entfalten.

Die Hummel hat eine Flügelfläche von 0,7 Quadratzentimetern bei einem Gewicht von 1,2 Gramm. Nach den Gesetzen der Aerodynamik könnte sie gar nicht fliegen. Die Hummel weiß aber nichts davon und fliegt einfach.

Es gibt wahrscheinlich keinen erfolgreichen Menschen, der nicht viele Hindernisse auf dem Weg zum Erfolg überwinden musste.

Erfolgreiche Menschen stellen sich auf Hindernisse positiv ein. Wenn wir uns auf Hindernisse positiv einstellen, fangen wir an lösungsbewusst zu denken. Menschen hingegen, die sich auf Hindernisse negativ einstellen, haben Angst vor der Bewältigung.

Demosthenes ist als einer der erfolgreichsten Redner in die Geschichte eingegangen. In seiner Kindheit stotterte er und wurde daher von anderen Kindern ausgelacht und verspottet. Er kämpfte jedoch gegen sein Handicap an, indem er am Meeresstrand mit Kieselsteinen Sprechübungen machte und dabei versuchte, die Meeresbrandung zu übertönen. Nach einer gewissen Zeit des beharrlichen Übens begannen seine Bemühungen Früchte zu tragen und er wurde als brillanter Redner bejubelt.

Mangelnde Erfolge zeigen notwendige Veränderungen an

Wenn erwünschte Resultate und Erfolge ausbleiben, dann sind mit hoher Wahrscheinlichkeit Veränderungen angesagt. Veränderungen beginnen mit einer Entscheidung. Das Wort Entscheidung beinhaltet das Wort „Scheidung". Das bedeutet, dass wir uns im Falle einer Entscheidung „scheiden", dass heißt trennen. Wovon sollen bzw. müssen wir uns trennen? Wir müssen uns von den Denk- und Verhaltensmustern trennen, die uns am Erfolg hindern.

Immer, wenn wir in unserer persönlichen oder beruflichen Entwicklung feststecken, haben wir versäumt notwendige Veränderungen durchzuführen. Misserfolge entstehen oft dadurch, dass wir wichtige Dinge unterlassen. Wie sollen sich aber neue Erfolge einstellen, wenn wichtige Aufgaben regelmäßig aufgeschoben werden? Jene, die im Leben etwas erreicht haben, wissen, dass Erfolg sich nach dem Prinzip von Saat und Ernte einstellt. Wer ernten will, muss zuerst säen. Bevor Sie ein neues Ziel anstreben, sollten Sie sich stets fragen, ob Sie auch zu den notwendigen Veränderungen bereit sind.

Warum sind manche Entscheidungen nichts wert? Kennen Sie zufällig Personen, die sich dafür entschieden haben 10 kg abzunehmen, mit dem Rauchen Schluss zu machen, sich nicht mehr über eine Person zu ärgern, ab sofort mehr für ihre Gesundheit zu tun, ab sofort nicht mehr so viel Süßigkeiten zu essen?

Sie waren in dem Moment, in dem diese Person Ihnen diese Entscheidung mitgeteilt hat, wahrscheinlich beeindruckt. Im Nachhinein mussten Sie aber feststellen, dass es bei der Umsetzung leider gehapert hat und nichts daraus geworden ist. Vielleicht wohnt so eine Person ganz in Ihrer Nähe und Sie kennen sie ziemlich gut? Warum hat diese Person und auch andere, die Sie kennen, ihre Entscheidung nicht erfolgreich in die Tat umgesetzt? War die Ursache ein zu schwacher Wille, der „innere Schweinehund", Gewohnheiten ...? Erklärungen dafür gibt es viele.

Die Entscheidung Erfolg zu haben Wenn jemand 20 Kilogramm zu viel Gewicht hat, muss diese Person zuerst einmal die Entscheidung fällen, abzunehmen. Ohne diese Entscheidung wird diese Person vielleicht mit ihrem Zustand unzufrieden sein, ändern wird sich aber dadurch nichts.

Nur der Umstand, dass jemand darüber unzufrieden ist, ein kleines Einkommen zu haben, in einer kleinen Wohnung mit lautstarken Nachbarn zu leben, schon fünf Jahre nicht mehr im Urlaub gewesen zu sein, diverse Rechnungen nicht bezahlen zu können, macht einen Menschen noch lange nicht erfolgreich.

Ob Sie erfolgreiche Menschen persönlich interviewen oder ihre Biografien lesen, immer werden Sie erfahren, „diese Leute wurden von dem Wunsch getrieben, erfolgreich zu sein". Diese Leute wollten nicht Durchschnitt sein, sie wollten nicht gerade nur ihre Rechnungen bezahlen, sie wollten nicht nur das tun, was die meisten anderen Leute tun, sie wollten von Anfang an erfolgreich sein.

Sie hatten eine Vision, einen Traum – von ihrem Erfolg; sie hatten Ziele und sie haben hart an ihrer Umsetzung gearbeitet. Die Kraft, die sie immer wieder angetrieben hat, war der Wunsch, ihren Traum, ihre Vision zu verwirklichen. Sie wollten Erfolg haben.

Überlegen Sie einmal: **Wann haben Sie Ihre Entscheidung getroffen, erfolgreich zu sein?**

Sind Probleme schlecht? Auf Probleme reagieren die meisten Menschen negativ. Erstens ist dies menschlich und verständlich ist es auch. In einem Problem sieht man meistens unbewusst eine Bedrohung der eigenen Lebensqualität. Wenn es sich um ein Problem handelt, bei dem wir uns nicht sicher sind, ob wir es lösen können, schwingt natürlich auch die Angst zu versagen mit. Auch wenn ein Problem vielleicht nicht besonders groß ist, so ist es auf alle Fälle lästig, da es ja meistens in einem ungünstigen Moment auftritt.

Wenn wir ein Problem natürlich schon gewohnheitsmäßig als etwas Negatives betrachten, löst diese Einstellung im Falle eines Problems natürlich sofort eine negative emotionale Reaktion aus. Solche Reaktionen sind meistens von Wut, Ärger und Sorge gekennzeichnet. Ein negativer emotionaler Zustand lässt aber das Problem nur noch größer und gefährlicher erscheinen und die Hoffnung auf eine Lösung schrumpfen. In einem negativen emotionalen Zustand werden wir nie eine Lösung für ein Problem, geschweige eine optimale Lösung finden.

Das Problem mit den Problemen ist, dass man sie als allgemein negativ empfindet. Kaum jemand reagiert auf ein Problem mit dem Gedanken *„Hurra, ein Problem, eine neue Chance auf Erfolg"*. Unsere gewohnheitsmäßige Reaktion auf ein Problem zeigt uns, welche Grundeinstellung wir dazu haben. Denken Sie bitte an die letzten zwei Probleme, die Sie hatten. Wie haben Sie in beiden Fällen emotional reagiert, als Sie mit diesen Problemen konfrontiert wurden? Was haben Sie gefühlt, gedacht und wie sind Sie die erste Stunde damit umgegangen? Es gibt nicht wenige

Menschen, die Probleme als Feinde des Lebens betrachten. Wer seine Erfolge im Leben auch qualitativ steigern möchte, muss lernen, mit Problemen richtig umzugehen.

Wenn wir unser Denken ändern, ändert sich das Problem

Können Sie sich vorstellen, welchen Lebensstandard wir heute hätten, wenn wir keine Industrie hätten und es keine industriellen Produkte geben würde? Unser Lebensstandard wurde erst durch die industrielle Produktion von Konsumgütern möglich. Obwohl es auch Schattenseiten gibt, können wir trotzdem sagen, dass es den Menschen in den Industrieländern gegenüber den Menschen, die vor hundert, zweihundert … Jahren gelebt haben, in vieler Hinsicht besser geht.

Die meisten Produkte, die von Menschen entwickelt und erzeugt wurden, sind im Prinzip die Lösung früherer Probleme. Natürlich gibt es auch Produkte, für die erst ein Problem gefunden werden musste, dass es überhaupt verkauft werden konnte. Trotzdem können wir sagen, dass durch viele Produkte viele Probleme entweder gelöst oder stark verringert wurden.

Stellen Sie sich jetzt einmal vor, dass Sie einen Monat lang keinen Kühlschrank, keine Fenster und Türen in Ihrem Haus oder Ihrer Wohnung, kein Telefon, keine Zeitung, keine Bücher, keinen CD-Player oder Plattenspieler, keine Kaffeemaschine, kein Bad, sondern nur einen Kaltwasseranschluss und keine Schuhe haben. In der Küche gibt es weder Messer noch Besteck noch Tassen. In Ihrem Zimmer steht kein Bett, sondern Sie liegen in der Nacht nur auf dem bloßen Boden. Sie tragen keine schöne Kleidung, sondern sind einfach nur mit Fellen bekleidet. Wie würden Sie sich in einer solchen Lebenssituation fühlen?

Erkennen Sie, dass die vielen Produkte, die wir Tag für Tag gedankenlos verwenden, Lösungen darstellen? Wir können sagen, dass es nur deshalb so viele Menschen gibt, die ein angenehmes Leben führen, weil es in dieser Welt immer wieder Probleme zu lösen gibt. Es heißt nicht umsonst, *„Not macht erfinderisch"*. Das sind keine leeren Worte. Solange es in unserer Welt Probleme gibt, wird es immer Menschen brauchen, die diese lösen.

Probleme sind Chancen *Napoleon Hill* hat fast dreißig Jahre erfolgreiche Persönlichkeiten in den USA studiert. Einer der Leitgedanken, die er von diesen erfolgreichen Menschen lernte, war: *„In jedem Problem steckt der Same zu einem größeren Vorteil."* Wir können einen schlechten Gesundheitszustand als Problem sehen. Wir können den Zustand aber auch als Chance sehen, jetzt endlich das Erforderliche für unsere Gesundheit zu tun.

Wenn ich auf mein bisheriges Leben zurückblicke, kann ich ganz klar erkennen, dass ich wichtige positive Veränderungen erst aufgrund von Problemen durchgeführt habe. Der Grund, weshalb ich mich seit mehr als zwei Jahrzehnten mit dem Thema „Gesundheit" auseinandersetze, war ursprünglich nicht Gesundheit, sondern Krankheit. Der Grund, weshalb ich schon seit 25 Jahren die Thematik „Erfolgreiche Lebensgestaltung" studiere, war nicht Harmonie, Lebensfreude und Erfolg, sondern viele Hindernisse, die mich herausgefordert haben. Ich muss ganz ehrlich sagen, dass gerade die härtesten Probleme, die ich erlebt habe, mich am meisten angetrieben haben, mein Leben positiv zu verändern.

Denken Sie bitte kurz einmal über zwei, drei wichtige positive Veränderungen nach, die Sie in der Vergangenheit in Ihrem Leben getroffen haben. Was waren die Auslöser für diese positiven Veränderungen? Auch wenn Sie natürlich damit etwas Positives erreichen wollten, war doch ursprünglich ein Problem vorhanden, welches Sie lösen wollten. Wenn wir also dazu übergehen, in Anbetracht eines Problems nach der darin verborgenen Chance zu suchen, sind wir schon auf dem Weg zu seiner Lösung.

Was erfolgreiche Persönlichkeiten aus Problemen gemacht haben:

Demosthenes wurde in seiner Jugend als Stotterer verlacht.
Er übte als Redner und übte und wurde zu einem der größten Redner aller Zeiten.

Jonny Weißmüller hatte Kinderlähmung.
Er trainierte regelmäßig seinen Körper und überwand seine Mängel. Er wurde zur berühmten Figur Tarzan.

Helen Keller war taub, stumm und blind. Sie hatte nur noch eine äußerst geringe Hörfähigkeit.
Mit Hilfe ihrer Privatlehrerin Mrs. Sullivan studierte sie und dies mit Auszeichnung. Mit ihrer Hilfe schrieb sie sogar Bücher und hielt Vorträge ab und machte anderen Menschen Mut.

Normen Vincent Peale's Buch „Die Kraft positiven Denkens" wurde von vielen Verlagen abgelehnt.
Nach langem Suchen fand er einen Verlag. Das Buch wurde ein internationaler Bestseller.

B.K.S. Iyengar wuchs in ärmsten Verhältnissen auf und war als Kind sehr krank.
Er lernte bei seinem mit ihm sehr strengen Yogalehrer Hatha-Yoga. Er wurde wieder gesund und gilt heute als der bedeutendste Lehrer im Hatha Yoga.

J.I. war Berufsfußballer in Madrid. Durch einen Autounfall war er teilgelähmt fast ein Jahr im Krankenhaus.
Im Krankenhaus gab ihm eine Krankenschwester eine Gitarre, dass er sich die Zeit etwas vertreiben konnte. Aus ihm wurde der weltberühmte Sänger Julio Iglesias.

Nicht das Problem ist das Problem Was meine ich mit dieser Aussage? Ich meine, dass das, was Menschen oft als Problem bezeichnen, ein unerwünschtes Ergebnis ist und das Problem die Ursache dafür ist. Jemand kann beispielsweise seinen schlechten Gesundheitszustand als Problem sehen, in Wirklichkeit könnte jedoch seine ungesunde Lebensweise dafür verantwortlich sein. Ein anderer Mensch sieht seine Arbeitslosigkeit als Problem, in Wirklichkeit ist vielleicht sein wirkliches Problem seine mangelnde Bereitschaft zu lernen und sich zu verändern. So gesehen ist ein unerwünschtes Ergebnis die Auswirkung eines Problems.

Damit wir ein Problem als Chance nutzen können, müssen wir auf die Faktoren achten, die dazu geführt haben, dass ein unerwünschtes Ergebnis aufgetreten ist. Es bringt nichts, wenn der Arbeitslose über die unverschämte Firma schimpft, die ihm gekündigt hat. Es bringt auch nichts, wenn jemand ständig darüber jammert, dass sein Gehalt einfach zu niedrig ist. Es bringt auch nichts, wenn jemand ständig darüber jammert, dass es schon genüge nur auf etwas Süßes zu blicken, um wieder drei Kilo zuzunehmen. Diese Verhaltensweisen verhindern definitiv eine Lösung.

Jedes unerwünschte Ergebnis und Resultat hat ursächliche Faktoren. Erst wenn wir die ursächlichen Faktoren, die zu dem entsprechenden Ergebnis geführt haben, erkennen, können wir auch etwas verändern. Wichtig ist in Anbetracht eines Problems immer, dass wir die Opferrolle verlassen. Wir sollten uns in dem Moment nicht als Opfer der Umstände, sondern als Mitverursacher der Situation betrachten. Dadurch erkennen wir auch, dass wir einer Situation nicht machtlos gegenüberstehen, sondern dass wir etwas ändern können.

In meinen Firmentrainings vermittle ich auch regelmäßig Selbst-Management-Strategien. Eine Führungskraft hat mir in einem Seminar gesagt, dass eines seiner Probleme sein zu hoher Blutdruck sei. Ich fragte ihn, was seiner Meinung nach die Ursachen dafür sein könnten. Seine Antwort war: „Regelmäßiger Leistungsdruck und Zeitstress.“ Nach weiteren gezielten Fragen von mir kam heraus, dass der Leistungsdruck und Zeitstress großteils das Ergebnis von falschen Verhaltensmustern und einem schlechten Selbstmanagement waren. Als ich ihm bewusst machte, dass das Problem nicht sein hoher Blutdruck – als unerwünschtes Ergebnis – und auch nicht der Leistungsdruck und Zeitstress war, sondern einige seiner Verhaltensmuster und ein schlechtes Selbstmanagement, ging ihm ein Licht auf.

Gedanken

Wichtige Fragen lauten:

- Durch welches meiner Gedanken- und Verhaltensmuster habe ich dieses Problem begünstigt?
- Was wird höchstwahrscheinlich geschehen, wenn ich diese Muster nicht verändere?
- Welche Veränderung würde hingegen stark dazu beitragen, meine Situation zu verbessern, und die Probleme in Folge zu lösen?

Der erste Schritt, um eine Lösung für ein Problem zu finden liegt immer darin, die problemproduzierenden Faktoren herauszufinden.

Immer wieder kommen Personen in meine Seminare, die ein Problem schon jahrelang mit sich herumschleppen. Meine Erfahrung war immer wieder dieselbe: diese Leute hatten über all die Jahre die Gedanken-, Glaubens- und Verhaltensmuster, die das Problem produzierten oder zumindestens stark begünstigten, nicht verändert. Dadurch war die Lösung auch äußerlich nicht möglich, weil unser Handeln und Verhalten immer mit unseren Gedankenmustern korrespondieren. In dem Moment, in dem jemand nachhaltig in seinem Denken etwas positiv verändert, kommt die Veränderung auch im äußeren Leben zum Ausdruck.

Ziele – Wegweiser zum Erfolg

Napoleon Hill hat im Auftrag des amerikanischen Stahlkönigs *Andrew Carnegie* 25 Jahre das Leben erfolgreicher Menschen studiert. In den ersten 14 Jahren studierte er 16.000 Männer und Frauen. In seinen langjährigen Studien machte er die erstaunliche Feststellung, dass nur 5 % dieser Leute wirklich erfolgreich waren. 95 % waren hingegen weder mit ihren Lebensumständen zufrieden noch waren sie erfolgreich.

Napoleon Hill fand auch den Hauptgrund für diesen Umstand heraus. Die 95% Männer und Frauen, die erfolglos waren, lebten ohne klares Lebensziel. Die 5 % Erfolgreichen hingegen hatten ein klares Lebensziel sowie klare Pläne zur Erreichung Ihres Lebenszieles. Ein weiterer wichtiger Faktor bei dieser Untersuchung war, dass die 95 % Männer und Frauen, die erfolglos waren, einer beruflichen Beschäftigung nachgingen, die ihnen keine Freude bereitete. Die 5 % Erfolgreichen hatten eine berufliche Tätigkeit, die sie freute und begeisterte.

Zielorientiert statt ziellos

Der Dichter *Thomas Carlyle* hat Menschen ohne klare Ziele mit Schiffen verglichen, die keine Steuer haben. Menschen ohne klare Ziele treiben im Leben dahin wie ein Schiff ohne Steuer. Sie hoffen, dass sie eines Tages an einem schönen Ort landen, die meisten jedoch vergeblich. Was glauben Sie, was ein Mensch im Leben erreichen kann, der nicht genau weiß, was er will? Nur wer seinen Zielhafen kennt, hat auch gute Chancen, ihn zu erreichen.

Ein Mensch handelt immer in Übereinstimmung mit seinen dominierenden Gedanken. Sie sind die Ursache für unsere Handlungen und Aktivitäten. Wenn wir ein Hauptziel für unser Leben haben, dann denken wir immer wieder bewusst daran. Nach einer gewissen Zeit ist unser Ziel dann fest in unserem Unterbewusstsein verankert. Wir beginnen dann auch unbewusst nach Chancen Ausschau zu halten, die uns helfen, unser Ziel zu verwirklichen.

Ziele verändern unser Leben Im Life-Magazin wurde vor vielen Jahren die Geschichte von *John Goddard* veröffentlicht. Als *John Goddard* 15 Jahre war, sagte seine Großmutter einmal: „Ich wünschte, ich hätte, als ich noch jünger war, mehr in meinem Leben getan." Diese reuevolle Bekenntnis seiner Großmutter beeindruckte ihn so stark, dass er sich intensiv Gedanken darüber machte. Er wollte auf keinen Fall, dass es ihm gleich erging wie seiner Großmutter. Er wollte es unbedingt vermeiden, eines Tages reuevoll auf das vergangene Leben zurückzublicken und sagen zu müssen: „Ich wünschte, ich hätte, warum habe ich nicht, wenn ich nochmals könnte". Er wollte es verhindern, im Alter über viele verpasste Chancen jammern zu müssen.

Er dachte eine Weile darüber nach, was er in seinem Leben alles tun, erleben und erreichen wollte. Dann setze er sich hin und schrieb insgesamt 127 Ziele in allen Einzelheiten auf. Er wollte zehn Flüsse erforschen – darunter den Nil – und zehn Berge besteigen – u.a. auch den Mount Everest. Er wollte alle Länder der Welt besuchen, auf den Spuren Marco Polos wandeln, Völker im Sudan studieren, in einem Unterseeboot fahren, ein Buch schreiben, die Bibel von A–Z studieren, die Werke von Aristoteles, Platon,

Shakespeare sowie die komplette Encyclopedia Britannica lesen, in einer Mission arbeiten, heiraten und Kinder haben. *John Goddard* lernte seine Zielliste auswendig.

John Goddard hat ein aufregendes, spannendes und erfolgreiches Leben hinter sich. Er hat sein Leben so organisiert, dass er die meisten seiner Ziele realisieren konnte. Er reiste in 113 Länder und hielt viele Vorträge über seine Abenteuer ab. Mit 74 Jahren hat John Goddard 103 von seinen 127 Zielen erreicht und hat noch einiges in seinem Leben vor.

Ohne Ziele folgen selten Taten Jeder Erfolg beginnt ausnahmslos damit, dass eine Idee, eine Vorstellung, ein Wunsch, ein Ziel umgesetzt wird. Die beste Idee ohne Umsetzung bringt nichts, aber auch gar nichts. Erst ein Ziel in Verbindung mit zielorientierten Handlungen bringt Erfolg. Die besten Ideen sind immer die, die wir umsetzen, denn diese bringen einen Nutzen.

Die Erfahrung zeigt, dass Ideen, deren Umsetzung auf die lange Bank geschoben wird, meistens nie mehr umgesetzt werden. Vor Jahren schob ich auch ständig gute Ideen vor mir her. Dies wurde natürlich bestraft, indem ich sah, dass andere Menschen diese Ideen nicht nur hatten, sondern auch umsetzten. Das ärgerte mich zu diesem Zeitpunkt sehr und ich war sehr unzufrieden mit mir. Ich dachte dann, wenn das so weiterginge, würde ich eines Tages sehr, sehr frustriert dastehen. Es wurde mir bewusst, dass ich endlich anfangen musste zumindestens eine gute Idee in die Tat umzusetzen.

Kennen Sie nicht auch Leute, vielleicht ganz in Ihrer Nähe, die schon

seit Jahren abnehmen,
seit Jahren aufhören zu rauchen,
seit Jahren ihre Schulden abtragen,
seit Jahren eine bessere Stelle finden,
seit Jahren ihren gesundheitlichen Zustand verbessern,
seit Jahren sich fortbilden,
seit Jahren eine schönere Wohnung,
seit Jahren einen netten Partner finden,
seit Jahren erfolgreicher sein wollen.

Außer ein paar kläglichen Versuchen haben sie nichts Ernsthaftes unternommen, um ihre Idee in die Tat umzusetzen und ihre Lebenssituation zu verbessern. Das wöchentliche Ausfüllen des Lottoscheins scheint der einzige Hoffungsschimmer für diese Leute zu sein.

Glauben Sie wirklich, dass ein Mensch, der das Potenzial hat, nicht nur eine gute Idee, sondern 30, 50 100 und mehr gute Ideen in die Tat umzusetzen, mit sich und seinem Leben zufrieden sein kann, wenn er es nicht schafft eine einzige, wohlgemerkt eine einzige Idee in die Tat umzusetzen? Sie haben das Potenzial, Ihre Freunde haben das Potenzial, jeder gesunde Mensch hat das Potenzial gute Ideen zu verwirklichen. Für Ihren Erfolg ist es von größter Bedeutung, dass Sie Ihr Potenzial auch anzapfen und Ihre besten Ideen fortlaufend umsetzen.

Eine Idee, deren Zeit gekommen ist, kann von der stärksten Armee der Welt nicht aufgehalten werden.

Victor Hugo

Alte Denkmuster können verhindern, dass etwas Wichtiges gelernt wird Das erste Mal wurde ich 1984 durch die Bücher von *Dr. Gustav Großmann* auf das wichtige Thema Selbstmanagement aufmerksam. *Gustav Großmann* hat schon in den fünfziger Jahren sein geniales Großmann-System geschaffen und in seinen Kursen vermittelt. Im deutschsprachigen Raum – wenn nicht vielleicht sogar weltweit – war er der erste, der das sogenannte Zeitplanbuch einführte.

Ich war von Großmanns Büchern so beeindruckt, dass ich 1987 bei Helfrecht, der nach dem Tode Großmanns dessen Rechte kaufte, die Großmann-Methode in einem Intensiv-Kurs in Deutschland lernte. Der Kurs von fünf Tagen hat damals schon ca. DM 4.500,– gekostet. Auch wenn Helfrecht den Kurs auf die heutige Zeit angepasst hat, so haben mich vor allem Großmanns Grundgedanken fasziniert und motiviert.

Durch die Großmann-Methode habe ich systematisch gelernt Ziele zu setzen und die ersten Ergebnisse waren äußerst erfreulich. Nachdem vieles sehr gut in meinem Leben gelaufen war, wurde ich bezüglich der Zielsetzung wieder schlampig. Es war deshalb auch nicht verwunderlich, dass nach einer gewissen Zeit verschiedene Dinge in meinem Leben nicht mehr so gut liefen. Als mir dies bewusst wurde, setze ich mir wieder regelmäßig schriftliche Ziele. Ich konnte mich wiederum am eigenen Beispiel vergewissern, dass Ziele eine unverzichtbare Voraussetzung für den Erfolg sind.

Vielleicht denken Sie, dass ich jetzt immer brav dabei blieb, immer eifrig und motiviert ständig mit Zielen zu arbeiten. Das ist leider nicht der Fall. Gerade in Phasen, in denen es mir besonders gut ging, begnügte ich mich damit meine Ziele einfach im Kopf zu haben. So musste ich doch mehrmals auch die Erfahrung machen, dass es ohne klare Zielsetzung um ein Vielfaches schwieriger ist persönlich oder beruflich erfolgreich zu sein, bis ich mir die regelmäßige Zielsetzung zu einer der wichtigsten und wertvollsten Gewohnheiten machte.

Es waren bei mir vor allem alte Denk- und Verhaltensmuster, die mich blockierten, die Kunst der Zielsetzung leicht und schnell zu lernen. Im Unterbewusstsein war da immer noch der leise Gedanke, „es geht auch ohne systematische Zielsetzung". Vermutlich habe ich unbewusst auch versucht, auf dem Weg des geringsten Widerstandes zum Erfolg zu kommen. Die Ergebnisse machten mir jedoch klar, dass der Erfolg ohne Zielmanagement unvergleichlich schwieriger ist und dass sich der Aufwand Ziele zu setzen hundertfach lohnt.

Warum nehme ich diese persönliche Erfahrung in mein Buch auf? In meinen Seminaren haben ich immer wieder von Teilnehmern gehört, dass sie sozusagen zu den Ex-Zielsetzern gehören und dass es doch ohne schriftliche Zielsetzung auch ganz gut gehe. Ich möchte Ihnen durch meine Erfahrung aufzeigen, dass es Geduld, Freude, Interesse und Begeisterung braucht, um die Fertigkeit der Zielsetzung zu lernen. Es kommt eben oft genug vor, dass man gute Dinge zu schnell aufgibt, nur weil es am Anfang kleine Rückschläge und Geduldsproben gibt. Lernen bedeutet nicht, dass man mit etwas Neuem sofort nur positive Erfahrungen macht. Die Gefahr besteht, dass man nach nicht zufriedenstellenden Ergebnissen gerne wieder den Rückzug zum alten Verhaltensmuster antritt.

Da Zielsetzung wirklich eine Kunst ist, sollten Sie sich Zeit geben, diese auch Schritt für Schritt zu lernen. Selbst ein Musikgenie hat nicht in drei Monaten gelernt ein Instrument perfekt zu spielen. So ist dies auch mit der Zielsetzung und viele unterschätzen anfangs die erforderliche Übung die nötig ist, um ein erfolgreicher Zielmanager zu werden.

Setzen Sie Ziele, aber richtig Wer in das falsche Flugzeug steigt, muss nicht enttäuscht sein, wenn er irgendwo anders ankommt. So ist es auch mit unseren Zielen. Ziele sind zwar die Grundlage für den Erfolg, entscheidend ist aber, dass wir die richtigen Ziele haben. Eine der Hauptursachen für Misserfolg ist ganz sicher, keine oder vage Ziele zu haben. Leider gibt es auch genügend Menschen, die sich Ziele gesetzt haben und nach der Erreichung dieser Ziele feststellen mussten, dass sie nicht das gebracht haben, was man sich erwartet hat. Das passiert vor allem dann, wenn Ziele nicht mit den eigenen Werten im Einklang sind.

Die Grundlage für Ihre Ziele sind deshalb Ihre Werte, Wünsche und Visionen. Orientieren Sie sich deshalb daran und konzentrieren Sie sich vorerst auf die momentan drei wichtigsten Wünsche und Visionen.

Fehler, die beim Ziel-Management oft gemacht werden:

- Man will ein Ziel nicht für sich erreichen, sondern weil die Eltern, der Ehepartner oder andere es gerne sehen würden. Solche Menschen denken oft, dass sie nur geliebt werden, wenn sie es anderen recht machen.

- Man will ein Ziel erreichen, damit man irgendjemandem etwas beweisen kann.
- Man strebt ein Ziel an ohne vorher zu fragen, welchen Preis das Ziel hat.
- Man strebt ein Ziel an, welches mit den eigenen Wertvorstellungen nicht übereinstimmt.
- Man strebt ein Ziel an, ohne die persönlichen Motive wirklich zu kennen.
- Man strebt ein Ziel an, für welches man sich nicht voll begeistern kann.
- Man vertraut ein Ziel zu vielen Menschen an.
- Man arbeitet gleichzeitig an zu vielen Zielen.
- Man will vieles am Anfang zu perfekt machen.

Nur zielorientiertes Handeln führt zum Erfolg Die meisten Menschen haben Wünsche und Träume. Ohne klare Ziele und ohne zielorientiertes Handeln bleiben die meisten Wünsche jedoch Träume.

Erfolg ist untrennbar mit Zielen und zielorientiertem Handeln verbunden. Erfolgreiche Menschen arbeiten stets mit Zielen und ihre täglichen Handlungen sind auf ihre Ziele abgestimmt.

Wenn Sie sich erreichbare Ziele setzen und jeden Monat, jede Woche und jeden Tag Aktivitäten zum Erreichen dieser Ziele einplanen, werden Sie staunen, was sich in einem Monat und in einem Jahr alles erreichen lässt.

Der Leistungsdruck in Firmen hat zugenommen und immer wieder höre ich von Mitarbeitern, dass sie immer noch mehr Aufgaben zu erledigen hätten. Gerade wenn Mitarbeiter mit sehr vielen Arbeiten eingedeckt werden, ist die Gefahr groß, dass sie sich verzetteln. Dabei kommt es nicht selten vor, dass man zwar den ganzen Tag hart gearbeitet hat und am Abend feststellen muss, dass wichtige Aufgaben nicht erledigt wurden. Zielorientiertes Denken hilft uns im Berufsalltag das Wichtige von dem Dringenden – welches momentan nicht wichtig ist – zu unterscheiden.

Viele fragen sich am Morgen am Arbeitsplatz „Was muss ich heute alles erledigen?“ und dann versuchen sie möglichst viel in den Tag hineinzuquetschen. Besser ist es zu fragen:

- Wie will ich heute meinen Arbeitstag gestalten?
- Was sind meine Tagesziele?
- Was sind die drei bis fünf wichtigsten Aufgaben, die ich heute unbedingt erledigen will?

Wenn wir zielorientiert arbeiten, sind wir deutlich effektiver, als wenn wir uns auf Tätigkeiten konzentrieren. Durch Zielorientierung erledigen wir unsere Aufgaben kreativer und finden neue und bessere Möglichkeiten, diese leichter und erfolgreicher zu gestalten.

Begeisterung für unsere Ziele Aus Ihrer Begeisterung und Motivation für ein Ziel schöpfen Sie die notwendige Energie, um dieses zu erreichen. Je öfter Sie begeistert an Ihr Ziel denken und es sich ausmalen, je öfter Sie begeistert an Ihrem Ziel arbeiten, umso leichter und schneller werden Sie Ihr Ziel erreichen. Die meisten Menschen können sich ein bis zwei Wochen für ein Ziel begeistern, dann lässt die Begeisterung oft nach.

In der Regel können wir uns nur über einen längeren Zeitraum für Ziele begeistern, die uns viel bedeuten und die mit unseren Werten und Wünschen korrespondieren. Wichtige Fragen, die wir uns schon bei der Zielsetzung stellen können, lauten:

- Was begeistert mich an diesem Ziel besonders?
- Warum will ich dieses Ziel erreichen?
- Bin ich bereit an diesem Ziel auch weiter zu arbeiten, wenn Hindernisse oder Schwierigkeiten auftauchen?
- Wie kann ich meine Begeisterung bis zur Erreichung des Zieles aufrecht erhalten?

Am durchschnittlichen Niveau Ihrer Begeisterung können Sie gut feststellen, wie wichtig Ihnen ein Ziel ist und wie gut die Chancen sind, es auch zu erreichen.

Diese Fragen und natürlich vor allem die Antworten können für Sie bei der Aufrechterhaltung Ihrer Begeisterung eine große Hilfe sein. Ist es nicht so, dass wir oft gar nicht genug von den Dingen bekommen, die uns begeistern? In den letzten 25 Jahren ist es bei mir maximal dreimal vorgekommen, dass ich keine Lust hatte etwas Positives zu lesen. Bis auf diese kaum nennenswerten Ausnahmen kann ich sagen, dass ich mich täglich dafür begeistern kann, etwas Aufbauendes zu lesen.

Damit will ich mich nicht selbst loben, sondern nur aufzeigen, dass Begeisterung extrem wichtig ist, um etwas leicht, mit Freude und vor allem freiwillig zu tun. Den größten Spaß und die größten Erfolgserlebnisse in meinem Leben hatte ich nicht durch die am leichtesten zu erreichenden Ziele, sondern durch die Ziele, für die ich mich am meisten begeistern konnte.

Der Langsamste, der sein Ziel nicht aus den Augen verliert, ist immer noch viel schneller wie der Schnellste, der ohne Ziel umherirrt.

G. Ephraim Lessing

Da schwache Wünsche nur eine schwache Kraft sind, brauchen Sie für Ihren Erfolg ein Ziel, für welches Sie stark motiviert sind. Das brennende Verlangen nach einem Ziel ist eine entscheidende Voraussetzung für dem Erfolg. Damit Sie aber ein brennendes Verlangen nach einem Ziel haben, brauchen Sie ein Motiv, welches große Begeisterung in Ihnen entzündet. Erst durch ein starkes Motiv, Ihr Ziel zu erreichen wecken Sie in sich die volle Begeisterung dafür. Visualisieren Sie regelmäßig Ihr Ziel im Detail und denken Sie daran, warum Ihnen dieses Ziel wichtig ist und welche Vorteile Sie mit diesem Ziel verbinden. Visualisieren Sie immer in einem emotionalen Zustand von Freude und Begeisterung.

Ziele fördern unser Lösungsbewusstsein Durch ein Ziel streben wir ein gewünschtes positives Ergebnis an. Ob wir in einem Bereich eine positive Entwicklung fördern oder ein Problem lösen wollen: immer kann uns ein Ziel dabei optimal unterstützen. Woran denken die meisten Menschen, die ein Problem haben? Richtig, an das Problem, und solange jemand dieses in seinem Bewusstsein trägt, ist er für Lösungen blind. Nehmen wir an, dieser Jemand stellt seinem Problem als Ziel die mögliche positive Lösung entgegen. Worauf wird sich dieser Mensch dann täglich konzentrieren? Genau, auf das Ziel, das heißt die Lösung.

Wer sich an positiven Zielen orientiert, ist optimistischer, motivierter und nutzt sein kreatives Potenzial deutlich besser. Das, was wir tägliche Berufsarbeit nennen, besteht oft darin, Probleme für unsere Kunden zu lösen. Erfolgreiche Firmen haben Visionen. Dadurch haben sie eine positive Zukunftsorientierung. Sie entwickeln und produzieren Produkte, deren Notwendigkeit noch nicht erkannt wurde. Nach und nach erkennen Kunden, dass es zu einem Problem wird, die betreffenden Produkte nicht zu haben.

Noch vor wenigen Jahren haben viele Firmen geglaubt auf das Internet verzichten zu können. Ursprünglich haben nur die Visionäre an die wirtschaftliche Nutzung des Internets geglaubt. Spätestens jetzt weiß man, dass durch das Internet wirtschaftlich ungeahnte Chancen aus dem Boden wachsen. Wer hier nicht mitzieht, gehört sicher zu den Verlierern auf dem Markt.

In dem Moment, in dem sich ein Mensch auf ein positives Ziel konzentriert, aktiviert er seine bis dahin ungenutzten Ressourcen. Wenn Sie regelmäßig in Ihrem Privat- und Geschäftsleben mit Zielen arbeiten, werden Sie immer mehr zum Lösungsdenker. In dem Moment, in dem Sie in Lösungen denken, arbeiten Sie an Ihren Aufgaben wesentlich optimistischer und motivierter.

Die Kunst der Zielsetzung Ich mache Firmentrainings für Betriebe aus den verschiedensten Branchen, unter anderem auch für Baufirmen. Eine Baufirma erstellt, bevor sie mit einem Bauprojekt beginnt, einen Projektplan. Erst durch den Projektplan gewinnt sie höchstmögliche Klarheit darüber, welche Ressourcen für die Erstellung notwendig sind. Sie kann dadurch sehr genau prüfen, was das Bauvorhaben kosten wird, wie lange es dauern wird und wie viele Personen seitens der Baufirma beschäftigt werden müssen, damit das Projekt termingerecht durchgeführt werden kann. Ein Projektplan ist im Prinzip nichts anderes als ein bis ins Detail ausgeklügelter Zielplan. Ohne einen solchen Plan würde keine einzige Baufirma ein Projekt beginnen.

Der Grund dafür ist auch klar, denn ohne einen klaren Plan wäre jedes Projekt von vornherein zum Scheitern verurteilt. Ein nahezu perfekter Projektplan ist die entscheidende Grundlage für den Erfolg. Dessen sind sich Baufirmen bewusst. Es gibt jedoch genügend Firmen, welche die spezifische Zielplanung stark vernachlässigen. Solche Firmen sind logischerweise wesentlich mehr gefährdet in Krisen zu schlittern als Firmen, die dank einer guten Planung jederzeit die Übersicht bewahren. Firmen ohne klare Planung verschwenden unbewusst bedeutende Ressourcen.

Erfolg ist die fortschreitende Realisierung eines Zieles.

Ich habe immer wieder Spitzenverkäufer nach den Geheimnissen ihres Erfolgs gefragt. Meistens nannten sie mehrere Gründe für ihren überdurchschnittlichen Erfolg. Die zwei Gründe, die ich am öftesten hörte, waren eine positive Einstellung und klare Zielsetzung. Viele von diesen Topverkäufern konkurrierten nicht mit den Mitbewerbern, sondern mit den eigenen Leistungen. Wie haben sie das gemacht? Sie setzten sich jedes Jahr das Ziel ihre Leistungen des Vorjahres zu übertreffen und schafften es auch meistens.

Die Topverkäufer wissen, dass sie ihre Zeit dann am besten nutzen und managen können, wenn sie sich an messbaren positiven Zielen orientieren. Verkäufer, die zwar fleißig arbeiten, aber nur vage Ziele haben, können ihre Zeit und Ressourcen gar nicht optimal nutzen. Sie laufen meistens Gefahr sich von anderen verplanen zu lassen.

Schritt für Schritt zum Ziel

Schritt 1
Entscheiden Sie genau, was Sie wollen

Beschreiben Sie Ihr Ziel in der Gegenwartsform – so, als ob Sie Ihr Ziel gerade erfolgreich realisiert hätten.

Nehmen wir an, Sie wollen bis in zwei Jahren Verkaufsleiter sein und ein monatliches Nettogehalt von Euro 2.500,– verdienen.

Sie schreiben dann: „Wir haben Juli 2… und ich bin der neue Verkaufsleiter der Firma … Ich bin dieser Aufgabe bestens gewachsen und bin in meiner Tätigkeit als Verkaufsleiter sehr erfolgreich. Zu meinen Mitarbeitern, Mitarbeiterinnen und Kunden habe ich ein hervorragendes Verhältnis. Bei dieser Tätigkeit kann ich meine Stärken … und Fähigkeiten … erfolgreich einsetzen. Ich habe ein monatliches Nettogehalt von Euro 2.500,–."

Als ich im September 1998 mit meiner Familie von Bregenz nach Dornbirn zog, hatte ich mein Büro noch eine Zeit lang in Bregenz. Ich sagte zu meiner Frau, dass ich mir das Ziel gesetzt hätte, ein schönes Büro in Dornbirn zu bekommen, welches von zuhause aus in Kürze zu erreichen sei. In meine Zielbeschreibung nahm ich alle wichtigen Kriterien wie Größe, Qualität, Aussicht, spätester Einzugstermin, kurzer Nachhauseweg, preisliche Obergrenze und Atmosphäre auf.

Meine Zielsetzung war also nicht darauf ausgerichtet, einfach ein Büro in einer bestimmten Größe zu einem bestimmten Preis zu bekommen, sondern ich hatte klare Vorstellungen. Meine Frau traute mir zwar zu, dass ich innerhalb einer bestimmten Frist ein Büro erhalten würde. Bezüglich all meiner Ansprüche, die ich an das neue Büro gestellt hatte, war sie jedoch skeptisch. Mein Ziel war aber klar formuliert und ich dachte mir, das wäre fast wie ein Wunder, wenn ich dieses Büro erhalte würde.

500 Meter von uns entfernt wurde kurz darauf ein großes, schönes Bürogebäude gebaut. Die Büros waren großteils schon vor dem Baubeginn vermietet. Das Wunder wurde wahr, ich bekam mein gewünschtes Büro. In dem Moment, in dem wir uns ein klares schriftliches Ziel setzen, beginnt unser Unterbewusstsein auf Hochtouren zu arbeiten und führt uns zu unserem Ziel. Hätte ich mir einfach das Ziel gesetzt ein Büro zu bekommen, dann hätte ich auch eines bekommen, aber sicher nicht das, welches meine Ansprüche am besten erfüllte.

Völlige Zielklarheit ist eine entscheidende Voraussetzung für Ihren Erfolg.

Meine drei wichtigsten Ziele für die nächsten zwölf Monate:

1

2

3

Mein wichtigstes Ziel für die nächsten zwölf Monate:

Schritt 2

Warum wollen Sie dieses Ziel erreichen, welche Vorteile erwarten Sie?

Schreiben Sie alles auf, warum es Ihnen wichtig ist, dieses Ziel zu erreichen. Dies ist ein ganz entscheidender Punkt, denn nur wenn Ihnen Ihr Ziel besonders wichtig ist, dann werden Sie auch die Bereitschaft entwickeln keine Mühe zu scheuen, um dieses Ziel zu realisieren. Sie müssen sich für Ihr Ziel voll und ganz begeistern können.

- Welche positiven Veränderungen erwarten Sie durch das Erreichen Ihres Zieles?
- Was soll nach dem Erreichen dieses Zieles anders sein als jetzt?
- Was soll nach dem Erreichen des Ziels für Sie und alle Beteiligten besser sein als jetzt?
- Welche Vorteile – materiell, ideell, spirituell, finanziell, gesundheitlich, mental, emotional, mitmenschlich – erwarten Sie sich vom Erreichen dieses Zieles?
- Was motiviert Sie an diesem Ziel am meisten?
- Steht dieses Ziel im Einklang mit Ihren Werten?

Gerade die letzte Frage ist besonders wichtig, denn nur wenn ein Ziel mit Ihren Lebenswerten harmoniert, werden Sie es motiviert anstreben. Schreiben Sie auf einem Blatt Ihre neun wichtigsten Werte auf, z.B. Liebe, Vertrauen, Geborgenheit, Freiheit, Treue, Gesundheit, Harmonie, Partnerschaft, Gott, Kinder, Sicherheit, Anerkennung, Natur, Musik. Prüfen Sie dann anhand Ihrer Liste, ob Ihr Ziel mit Ihren wichtigsten Werten harmoniert.

Schritt 3

Ist Ihr Ziel mitmenschlich vertretbar? Hat Ihr Ziel eventuell unerwünschte Nachteile?

Eine ganz wichtige Frage bei Beginn der Zielsetzung ist: Wie wird sich das Ziel auf meine Familie und andere nahestehende Mitmenschen auswirken? Ein Ziel sollte niemals auf Kosten einer anderen Person angestrebt werden, deshalb sollten Ziele immer positiv gesetzt werden. Es versteht sich, dass ein Sportler das Bestreben hat, bei einem Bewerb ganz oben auf der Siegertreppe zu stehen. Diese Absicht ist auch nicht egoistisch, sondern das Ziel vieler Athleten.

Die Frage ist natürlich immer, auf welche Art und Weise ein Ziel angestrebt wird. Große Ziele lassen sich oft nur durch die Hilfe anderer Menschen verwirklichen. Dabei ist darauf zu achten, dass ihre Hilfe auch entsprechend honoriert wird.

Ein großer Nachteil wäre beispielsweise, wenn Ihr Ziel gegen einen oder mehrere Ihrer Werte verstoßen würde. Deshalb ist es sehr wichtig schon am Anfang der Zielsetzung zu prüfen, ob das Ziel mit den eigenen Werten harmoniert.

Schritt 4

Erkennen Sie, welche Hindernisse Sie überwinden müssen, um Ihr Ziel zu erreichen

Es gibt innere und äußere Hindernisse. Innere Hindernisse können beispielsweise negative Denk- und Glaubensmuster sein, die Sie stark daran hindern können Ihr Ziel zu verwirklichen. Schreiben Sie alle Überzeugungen, Glaubenshaltungen und Gewohnheiten auf, die Sie positiv verändern müssen, um Ihre Ziele zu verwirklichen. Prüfen Sie auch, welche Schwäche das Erreichen Ihrer Ziele stark blockieren oder gar verhindern könnte.

Natürlich gibt es meistens auch äußere Hindernisse. Schreiben Sie auch alle äußeren Hindernisse auf, die Sie an der Realisierung des Zieles hindern könnten. Je mehr Sie sich anfangs bewusst machen, welche Hindernisse auf dem Weg zu Ihrem Ziel lauern, umso leichter können Sie diese erfolgreich überwinden. Es heißt nicht umsonst: *„Eine erkannte Gefahr ist nur noch eine halbe Gefahr."*

Schritt 5
Welche Stärken müssen Sie für dieses Ziel noch entwickeln?

Jeder Sportler muss für seine Ziele trainieren. Das Training hat den Zweck Schwächen zu minimieren und Stärken weiter auszubauen. Ein Spitzensportler weiß, dass er dieses regelmäßige Training braucht, um immer stärker und besser zu werden. Für jedes Ziel brauchen Sie bestimmte Stärken. Auch wenn Sie verschiedene Stärken haben, so sind diese nicht alle gleich gut entwickelt. Fragen Sie sich deshalb, welche Stärken Sie für das jeweilige Ziel besonders brauchen und für dessen Erreichen unverzichtbar sind. Dann prüfen Sie, welche Stärken Sie unbedingt noch weiter ausbauen müssen, damit Sie Ihr Ziel leichter und schneller erreichen.

Wenn Sie durch Ihre Stärken immer stärker und besser werden, macht es Ihnen noch mehr Spaß und Freude den Weg zum Ziel zu gehen.

Schritt 6

Erstellen Sie einen schriftlichen Ziel-Plan, der alle Maßnahmen und Mittel zur Verwirklichung Ihres Zieles enthält

Schreiben Sie zuerst die Hauptschritte auf und unterteilen Sie diese dann in verschiedene Zwischenaufgaben, die Sie dann in Ihren Monats- und Wochenplan übertragen können. In diesem Zielplan müssen Sie auch berücksichtigen, wie Sie es angehen wollen, die Hindernisse – Schritt 3 – erfolgreich zu überwinden.

Sie können Ihren Zielplan nach nachfolgendem Muster erstellen: Jeder Buchstabe steht für einen Hauptschritt oder eine Hauptaufgabe. Danach unterteilen Sie die Hauptaufgaben in kleinere Zwischenaufgaben. Am leichtesten gehen Sie so vor, dass Sie zuerst alle Hauptaufgaben aufschreiben und erst danach beginnen, jede Hauptaufgabe zu untergliedern.

Ziel – Plan

A

1
2
3
4
5

B

1
2
3
4
5

C

1
2
3
4
5

D

1
2
3
4
5

und so weiter

Schritt 7
Entscheiden Sie, bis wann Sie Ihr Ziel erreicht haben wollen

Durch ein zeitliches Limit setzen Sie sich unter einen positiven Druck. Wenn Sie sich einen Endtermin gesetzt haben, dann werden Sie Ihr Ziel viel schneller in Angriff nehmen.

Einem arbeitslosen Facharbeiter empfahl ich als Zeitrahmen für sein Ziel, eine neue gute Stelle zu finden, beispielsweise acht Wochen. Dadurch hatte er einerseits genügend Spielraum, um die notwendigen Handlungen umzusetzen, andererseits setzte er sich dadurch unter einen förderlichen Druck. Der Zeitrahmen war natürlich so angesetzt, dass er den Druck als positive Motivation empfand. Innerhalb von drei Wochen schaffte er es, zwei lukrative Angebote an Land zu ziehen. Er wählte nach seinem Empfinden das für ihn bessere aus.

Ein begrenzter Zeitrahmen sorgt dafür, dass wir aktiv werden und in kürzerer Zeit mehr erreichen. Setzen Sie für alle wichtigen Aufgaben einen Endtermin, zu dem Sie eine Aufgabe oder Angelegenheit abgeschlossen haben wollen.

Schritt 8
Prüfen Sie, ob Sie wirklich bereit sind, den Preis für den Erfolg zu bezahlen

Der Preis für den Erfolg ist die Arbeit, die Sie gemäß Ihrem Zielplan leisten müssen. Nur wenn Sie absolut bereit sind den Preis zu bezahlen, werden Sie auch erfolgreich an Ihr Ziel kommen.

Wenn Sie an einem Ziel arbeiten, hat dies Vorteile, aber auch Nachteile. Im Normalfall überwiegen die Vorteile so stark, dass die Nachteile in Wirklichkeit keine sind. Es ist deshalb wichtig, dass Sie – bevor Sie richtig loslegen – die Vor- und Nachteile einander gegenüberstellen. Ein Nachteil könnte beispielsweise sein, dass Sie die Zeit, die Sie in das Ziel investieren sollten, irgendwo anders einsparen müssen.

Nicht jeder Mensch, der ein Ziel hat, setzt es auch erfolgreich um. Es gibt genügend Personen, die nicht bereit sind, den Preis für den Erfolg zu bezahlen. Deshalb müssen Sie sich wirklich klar machen, dass die Vorteile Ihres Zieles die eventuellen Nachteile stark überwiegen. Ob Sie bereit sind den Preis für Ihr Ziel zu bezahlen zeigt sich daran, wie oft, wie intensiv und mit welcher Einstellung Sie an Ihrem Ziel arbeiten.

Schritt 9
Immer die wichtigste Aufgabe zuerst

Ein schriftlicher Zielplan bringt Ordnung und Übersicht. Die Teilaufgaben und Teilziele können Sie mit Terminen und Prioritäten versehen, dadurch gewinnen Sie noch mehr Übersicht. Trotzdem kann es vorkommen, dass man die Aufgaben, die man lieber erledigt, denen vorzieht, die man nicht so gerne erledigt. Stellen Sie sich daher stets die Frage wenn Sie Ihren Zielplan zur Hand nehmen: *„Welches ist als nächstes die wichtigste Aufgabe?“*

Wenn Sie sich mit einem Team ein Ziel setzen, werden die Aufgaben schön verteilt; so sollte es zumindestens sein. Wenn Sie sich aber persönliche Ziele gesetzt haben, werden Sie höchstwahrscheinlich die meisten Aufgaben selbst erledigen müssen. Im Prinzip können Sie immer nur eine Aufgabe erledigen und nie zwei oder drei gleichzeitig. Da Sie immer nur eine Aufgabe erledigen können, sollten Sie es sich zur Gewohnheit machen, stets an der wichtigsten Aufgabe zu arbeiten. Bewerten Sie die Aufgaben in Ihren Zielplänen ab sofort nicht mehr danach, ob Sie diese gerne oder ungern machen, sondern ob die betreffende Aufgabe wichtig ist. Sie werden staunen, welche wunderbaren Resultate Sie dadurch erzielen werden.

Schritt 10

Was Sie sich vorstellen können, können Sie auch erreichen

Es heißt: *„Aus den Augen aus dem Sinn“* und dies gilt auch für unsere Ziele. Wer seine Ziele nicht regelmäßig bildhaft sieht, verliert meistens nach und nach die Motivation dafür. Deshalb ist es wichtig, dass Sie sich Ihr Ziel täglich bildhaft ausmalen. Stellen Sie sich dabei vor, wie es ist, wenn Sie Ihr Ziel erreicht haben. Bevor Sie wichtige Aufgaben für Ihr Ziel erledigen, können Sie vorher visualisieren, wie Sie diese Aufgaben erfolgreich durchführen. Beziehen Sie beim Visualisieren alle Ihre Sinnesorgane ein: *das Sehen, das Hören, das Tasten, das Schmecken und das Riechen*.

Können Sie sich Ihr Ziel genau vorstellen? Können Sie sich vorstellen, wie es sein wird, wenn Sie dieses Ziel erreichen? Wenn Sie eine klare bildhafte Vorstellung von Ihrem Ziel haben und wenn Sie sich mit geschlossen Augen vorstellen können, wie es sein wird, wenn Sie Ihr Ziel erreichen, haben Sie schon eine ganz wichtige Grundlage für die Erreichung Ihres Zieles gewonnen.

Napoleon Hill war der erste Mensch, der die Gesetze des Erfolgs systematisch studierte und zusammenfasste. Dafür hat er rund 35 Jahre Studium und Arbeit investiert. 1988 habe ich seinen eineinhalbjährigen Lehrgang Science of Success (die Wissenschaft des Erfolgs) absolviert. *Napoleon Hill* hat immer wieder darauf hingewiesen, dass alle erfolgreichen Persönlichkeiten, die er studierte, immer eine klare Vorstellung von ihren Zielen hatten. Von *Hill* kommt auch die Aussage: *„Alles, was du dir vorstellen kannst, kannst du auch erreichen."*

Den wenigsten Menschen fällt es am Anfang leicht, sich ihr Ziel vorzustellen. Je öfter Sie sich jedoch Ihr Ziel ausmalen und visualisieren, umso besser wird die Qualität der Bilder. Es heißt *„Ein Bild sagt mehr als tausend Worte"*. Unser Unterbewusstsein kann sich viel leichter an Bildern orientieren als an Worten. Indem Sie sich Ihr Ziel immer wieder vorstellen, verankern Sie dieses Ziel in Ihrem Unterbewusstsein. Ihr Unterbewusstsein wird Sie dadurch immer wieder mit intuitiven Gedanken versorgen, die Ihnen helfen, Ihr Ziel zu verwirklichen. Durch das regelmäßige Visualisieren Ihres Zieles halten Sie auch Ihre Motivation und Begeisterung für Ihr Ziel ständig hoch.

Meine langjährige Erfahrung ist, dass die meisten Personen, die sich ihr Ziel anfangs nicht vorstellen können, dies mit etwas Übung nach und nach immer besser schaffen. Eine enorme Hilfe kann das Sammeln von Bildern sein, die Sie an Ihr Ziel erinnern. Halten Sie regelmäßig Ausschau nach Bildern, die Sie an Ihr Ziel erinnern und legen Sie diese in einer eigenen Mappe dafür ab. Schauen Sie diese Bilder regelmäßig an. Sie können natürlich gewisse Bilder auch aufhängen, um diese automatisch jeden Tag zu sehen. Wenn Sie immer wieder Bilder sehen, die Sie an Ihr Ziel erinnern, fällt es Ihnen auch immer leichter, Ihr Ziel zu visualisieren.

Als der Trainer und Autor *Brian Tracy* noch nicht in seinem Traumhaus wohnte, schrieb er eines Tages zusammen mit seiner Frau alle Punkte auf, wie sie sich ihr Traumhaus vorstellten. Dazu sammelten sie regelmäßig Bilder. Innerhalb weniger Jahre wurde ein Haus zum Verkauf angeboten. *Brian Tracy* und seine Frau kauften das Haus, nachdem sie gesehen hatten, dass es bis auf wenige Ausnahmen genau ihre Vorstellungen erfüllte.

Schritt 11
Kontrollieren Sie regelmäßig Ihren Fortschritt

Kontrollieren Sie regelmäßig den Fortschritt auf dem Weg zu Ihren Zielen. Kontrolle klingt zwar nicht für alle Menschen positiv, wenn es aber um die Erreichung Ihrer Ziele geht, ist die regelmäßige Kontrolle unerlässlich. Ohne Kontrolle besteht für die meisten Menschen die Gefahr, dass unmerklich die Motivation und Begeisterung für ein Ziel nachlassen. Wenn dies geschieht, lässt auch Ihre Schaffenskraft nach. Die Ergebnisse werden in Folge mager sein und dies wirkt wiederum demotivierend. Sie erkennen also, wie schnell man in eine sogenannte negative Spirale kommen kann.Wenn Sie hingegen jede Woche zwei bis drei Mal prüfen, welche Aufgaben Sie für Ihr Ziel erledigt haben und inwieweit Sie Ihrem Ziel wieder näher gekommen sind, bleiben Sie interessiert und motiviert. Die Kontrolle wird positiv verstärkt, wenn Sie die Fortschritte und Erfolge schriftlich jeweils in einigen Worten festhalten. Sie können dann leicht und schnell erkennen, was Sie auf dem Weg zum Ziel schon alles erfolgreich gemeistert haben. Dadurch erhalten Ihr Glaube und Ihr Selbstvertrauen ständig neue Nahrung.

Schritt 12
Bleiben Sie stets flexibel und lernbereit

Selbst wenn wir in der Vergangenheit schon verschiedenste Ziele erreicht haben, ist jedes Ziel wieder eine neue Erfahrung. Wenn wir den Weg zum Ziel gehen, ist dies nicht nur ein Weg des Wissens, sondern noch mehr ein Weg des Lernens. In der Praxis sind Dinge manchmal anders, als wir sie uns in der Theorie vorgestellt haben. Wenn Menschen aufgrund von Rückschlägen nicht schnell genug an ihr Ziel gelangen, gehen sie unbewusst oft schlechte Kompromisse ein und verändern ihr Ziel. Trotz Rückschlägen ist es meistens überhaupt nicht notwendig, dass wir unser Ziel verändern oder aufgeben.

Kommen wir auf dem Weg zum Ziel nicht wunschgemäß voran, müssen wir natürlich prüfen, was die Gründe dafür sind. Das wird manchmal auch dazu führen, dass wir unseren Plan etwas verändern müssen. Ihr Ziel sollte konstant sein, in der Planung sollten Sie jedoch flexibel sein. Betrachten Sie die Arbeit an einem Ziel stets als Lernprozess und lernen Sie aus all Ihren Erfolgen, aber auch aus Ihren Rückschlägen. Selbst die klügsten Köpfe sind nicht gänzlich von Rückschlägen verschont. Erfolgreiche Menschen machen Fehler, aber niemals umsonst, sondern verwerten sie als wichtige Lernerfahrungen. Fragen Sie sich also nach jedem Erfolg oder Misserfolg: „Was habe ich dabei gelernt?“ Flexibilität bedeutet: wir können jeden Tag klüger aufstehen und können an diesem Tage verschiede Dinge besser machen als in der Vergangenheit.

Einer der wichtigsten Unterschiede zwischen erfolgreichen und mittelmäßigen Menschen besteht darin, dass erstere ohne Ausnahme einen schriftlichen Plan zur Erreichung ihrer Ziele haben, während letztere sich darauf beschränken, über ihre Ziele nachzudenken.

Paul J. Meyer

Schriftliche Ziele bringen entscheidende Vorteile Immer wieder wird mir bei Seminaren die Frage gestellt: „Müssen Ziele wirkliche schriftlich fixiert werden und lohnt sich der Aufwand dafür eigentlich? Genügt es nicht einfach, Klarheit über die eigenen Ziele zu haben?“ Die Frage könnte natürlich auch lauten „Gibt es keinen bequemeren Weg zum Erfolg?“ Wenn jemand jahrelang mit der Strategie der vagen Zielsetzung gelebt hat, tut er sich schwer, plötzlich zu einem begeisterten Zielsetzer in Wort und Schrift zu werden. Neues wird gerne in Zweifel gezogen und kleine Nachteile werden oft zu unüberwindbaren Hindernissen aufgeblasen, nur um den eigenen Gewohnheiten treu zu bleiben.

Ganz ehrlich, mir ging es anfangs genau gleich. Ich habe zwar nie an der Wirksamkeit und Wichtigkeit von Zielen gezweifelt, jedoch an der Notwendigkeit, diese schriftlich festzuhalten. Im Laufe meiner Studien zum Thema ganzheitlicher Lebenserfolg bin ich immer wieder auf klare Hinweise über die Wirksamkeit von schriftlichen Zielen gestoßen. Nach dem Gesetz der Wiederholung habe ich es, nachdem ich es immer wieder in Seminaren gehört, gelernt und in verschiedensten Quellen recherchiert habe, begriffen. Ich habe langsam, aber sicher meine alte Gewohnheit, den Weg des geringsten Widerstandes zu gehen, abgelegt und habe meine Ziele wie viele Menschen vor mir schriftlich fixiert.

Kennen Sie *Tom Monaghan?* Wer schon in den USA war und Pizza mag, kennt höchstwahrscheinlich das äußerst erfolgreiche Unternehmen „Dominos Pizza“. *Monaghan* ist der Gründer von Dominos Pizza und ist auch der Besitzer des Basketballprofiteams „Detroit Tigers“. *Monaghan* beschreibt in seiner Autobiografie, dass schriftliche Ziele der Schlüssel seines Erfolgskonzeptes seien. Wo immer er ist, immer hat er einen Block dabei, in welchem er seine Gedanken, Pläne, Träume, Analysen und Probleme festhält.

Er setzt sich langfristige Ziele, Jahresziele, Monats-, Wochen- und Tagesziele. Für seine Ziele macht er stets aktionsorientierte Pläne. *Monaghan* betont, wie wichtig Zielklarheit und Endtermine für den Erfolg sind. Er hat Geschäftsziele, gesundheitliche Ziele und persönliche Ziele. *Monaghan* folgt dem Beispiel vieler anderer erfolgreicher Menschen, indem er auf Papier denkt und alle wichtigen Gedanken schriftlich festhält.

So verwirklichen Sie Ihre Ziele Kontrollieren Sie zwei bis drei Mal wöchentlich, wie gut Sie auf dem Weg zu Ihrem Ziel vorankommen. Durch die regelmäßige Kontrolle können Sie auch schnell erkennen, ob die eine oder andere Kurskorrektur sinnvoll und notwendig ist. Schreiben Sie Ihre Fortschritte und Erfolge regelmäßig auf.

Sie sollten möglichst täglich etwas tun, was Sie Ihrem Ziel näher bringt. Jede Realisierung einer Zieletappe wird für Sie zu einem Erfolgserlebnis.

Nichts motiviert mehr zum Erfolg als der Erfolg. Regelmäßiger Erfolg im Kleinen führt zum Erfolg im Großen.

Es ist wichtig, dass Sie möglichst täglich eine kleine Etappe auf dem Weg zu Ihrem Ziel zurücklegen. Dadurch erzeugen Sie eine positive Dynamik. Sie entwickeln auch die positive Gewohnheit des zielorientierten Handelns. Das mentale durchspielen der zuletzt erreichten Ziele gibt Ihnen immer wieder Antrieb, die nächsten Schritte zu gehen. Dies hilft auch enorm, wenn einmal Hindernisse auftauchen. Sie visualisieren immer wieder die bereits erfolgreich realisierten Etappen.

Welches Ziel zuerst? Wenn Sie mehrere Ziele haben und nicht wissen, auf welches Ziel Sie sich jetzt zuerst konzentrieren sollen, fragen Sie sich: *„Wenn ich von meinen Zielen innerhalb von einem bis zwei Jahren nur ein einziges Ziel realisieren könnte, welches Ziel hätte gesamthaft den größten positiven Einfluss auf mein Leben insgesamt?“* Konzentrieren Sie sich dann auf dieses Ziel, welches den größten positiven Einfluss auf Ihr Leben hat. Notieren Sie die Hindernisse, die es auf dem Weg zu Ihrem Ziele gibt. Nummerieren Sie danach die Hindernisse nach dem Schwierigkeitsgrad. Das Hindernis, welches Ihr Ziel am meisten hindert und gefährdet wird mit eins nummeriert, das zweitgrößte mit zwei usw.

Ohne Ziele sind Menschen tätigkeitsorientiert Jeder Tag ist eine Chance, uns in Richtung unserer Ziele zu bewegen oder uns davon wegzubewegen. Früher haben in Firmen vor allem fleißige Menschen Anerkennung bekommen. Heute werden die Menschen nicht mehr an ihrem Fleiß gemessen, sondern nach dem, was sie bewirken und leisten. Wer sich nicht täglich an seinen Zielen orientiert, ist ganz automatisch tätigkeitsorientiert.

Selbst wenn Sie einen ganzen Monat lang hart arbeiten, kann es sein, dass Sie Ihren Wünschen und Zielen nur unwesentlich nähergekommen sind. Erst wenn Sie sich bei der wöchentlichen und täglichen Planung an Ihren Wünschen und Zielen orientieren, haben Sie eine hervorragende Chance, Ihren Zielen Woche für Woche und Tag für Tag näherzukommen.

Die Menschen, die ihre Zeitgenossen überflügeln, sind diejenigen, die früh im Leben ein klares Ziel ins Auge fassen und sich mit aller Kraft der Erreichung dieses Zieles widmen.

Edward Bulwer-Lytton

Darf ich Ihnen bitte eine Frage stellen? Was glauben Sie, was macht Sie zufriedener?

Sie blicken auf den vergangenen Arbeitstag zurück und sagen zu sich, „heute habe ich viele Aufgaben erledigt und habe hart gearbeitet“ oder „heute habe ich wichtige Aufgaben erledigt, die mich wieder meinen Zielen etwas nähergebracht haben.“

Ein positiver Mensch ist ein sich selbst und das Leben Bejahender, dessen Denken kraftbewusst immer auf ein positives Ziel gerichtet ist.

K. O. Schmidt

Ich bin überzeugt, dass Sie am Abend zufriedener sind, wenn Sie wissen, dass Sie an diesem Tage Ihren Zielen wieder etwas nähergekommen sind. Erfolg ist nämlich die fortschreitende Realisierung eines selbstgesteckten Zieles. Erst wenn Sie sich täglich an Ihren persönlichen und beruflichen Zielen orientieren, können Sie Ihre Energie und Zeit bestmöglichst nutzen.

Stellen Sie sich deshalb immer wieder die Frage:
Bringt mich das, was ich gerade tue, meinen Zielen näher?

Wenn Sie die Frage eindeutig mit *ja* beantworten können, wissen Sie, dass Sie Ihre Zeit und Energie gut investieren. Wenn Sie die Frage jedoch mit *nein* beantworten, arbeiten Sie gegenwärtig gerade an etwas, was Sie entweder Ihren Zielen nicht näher bringt oder sogar von Ihren Zielen entfernt.

Sie werden staunen, was für ein gutes Gefühl Sie jedes Mal haben, wenn Sie die Frage mit *ja* beantworten. Sie wissen dann nämlich, dass Sie immer, wenn Sie an einem Ihrer Ziele arbeiten, gleichzeitig an Ihrem Erfolg arbeiten.

Hindernisse erkennen und überwinden Auf dem Weg zu Ihren Zielen und Wünschen warten Hindernisse. Mit der richtigen Einstellung und Zielstrebigkeit werden Sie diese Hindernisse jedoch optimal überwinden. Es heißt: *„Die richtige Diagnose ist die halbe Heilung“.* Was würde Ihnen die Erreichung eines großen Zieles wohl bedeuten, wenn Sie auf dem Weg dorthin kein einziges Hindernis überwinden hätten müssen? Die schönsten Erfolge sind in der Regel die, bei denen wir Hindernisse überwinden mussten.

Oft sind es bestimmte Verhaltensweisen, die sich als die größten Bremsklötze auf dem Weg zu unseren Zielen erweisen. Die innere Bereitschaft ständig dazuzulernen ist einer der wichtigsten Faktoren, um unsere Ziele zu verwirklichen und das zu erreichen, wovon wir träumen. Wir müssen bereit sein umzudenken, an unseren Gewohnheiten zu feilen und neue positive Verhaltensmuster zu entwickeln.

Morgen ist nie – die Sünde des Aufschiebens Kennen Sie die Vorsätze „Ab morgen wird alles anders“, „Im neuen Jahr werde ich mich ändern“?

Einer der größten Erfolgskiller ist das gewohnheitsmäßige Aufschieben von Aufgaben, deren Ausführung zum gewünschten Ziele führen würde.

Erfolglose Menschen haben mehrere gemeinsame Verhaltensmuster. Ein Muster heißt „Aufschieberitis“. Es heißt nicht umsonst, der Weg zur Hölle ist mit guten Vorsätzen gepflastert. Hinter dem Verhalten, ständig wichtige Dinge aufzuschieben, stecken natürlich Motive wie z.B. Angst vor dem Versagen, Angst vor dem Erfolg, Angst Fehler zu machen, Angst vor dem Risiko usw. Nicht selten steckt dahinter auch der Hang zum Perfektionismus.

Es gibt aber auch die Angst vor dem Erfolg. Sie fragen sich: „Angst vor dem Erfolg, gibt es so etwas?“ Ja, so etwas gibt es. Erfolg kann ja unter Umständen auch mit sich bringen, dass wir noch mehr Verantwortung, noch mehr Arbeit, noch mehr Termine und somit auch noch mehr Leistungsdruck verspüren. Natürlich hat kein Mensch Angst vor dem Erfolg selbst, sondern vor den möglichen Folgen des Erfolgs. Nicht alle von uns können optimal damit umgehen, dass jetzt vielleicht andere Menschen von uns noch mehr erwarten. Deshalb ist es von größter Bedeutung, dass wir für uns klären, welche Erfolge uns wirklich weiterbringen und welche Erfolge für uns auch die gewünschte Folge bringen. Darum brauchen wir auch klare positive Ziele.

Das Aufschieben wichtiger Aufgaben schwächt das Selbstvertrauen Und was glauben Sie, wie fühlt sich ein Mensch, der zwar großartige Ideen hat, aber sich immer wieder dabei ertappt, dass er diese nicht umsetzt? Natürlich, er verliert das Vertrauen in sich selbst, er glaubt nicht mehr an sich und an seinen Erfolg. Das führt zu einer starken Schrumpfung des Selbstvertrauens und ist der Beginn eines negativen Kreislaufes.

Verschieben Sie ruhig, was Sie in Ihrem Leben nie umsetzen wollen!

Ich habe immer wieder beobachtet, dass erfolgreiche Menschen wichtige Dinge entschlossen anpacken, ob sie Lust dazu haben oder nicht. Auch erfolgreiche Menschen schieben Dinge auf, aber solche, die nicht wirklich wichtig sind.

Verschieben hat aber auch seine positiven Seiten. Sie können alles verschieben, was Sie in Ihrem Leben nie umsetzen wollen.

Verschieben Sie immer wieder unwichtige Fernsehsendungen, unwichtige Gespräche, Sorgen oder Ärger. Da Aufschieben schwächt, können Sie regelmäßig all die Dinge aufschieben, die Sie bewusst schwächen wollen. Je mehr Sie unwichtige Dinge aufschieben, umso mehr gewinnen Sie Zeit und Energie für die wichtigen Aufgaben, die für Ihren Erfolg entscheidend sind.

Wenn wir einen Vorsatz, ein Ziel und einen Plan haben, dann sollten wir auch handeln, auch wenn wir uns noch nicht alle Schritte und Etappen zum Ziel genau ausmalen können. Kennen Sie Leute in Ihrem Bekanntenkreis, die weder eine bessere Schule besucht noch eine bessere Berufsausbildung haben und doch erfolgreicher sind? Kennen Sie Leute, die Ideen, die Sie auch hatten, schon längst in die Tat umgesetzt haben?

O.k., diese Leute sind weder talentierter noch intelligenter als Sie, aber sie haben gehandelt. Es ist nicht wichtig eine Sache hundertprozentig optimal zu beginnen. Entscheidend ist, dass man eine Sache *beginnt.* Die schönsten Ideen, Ziele und Vorsätze nützen uns nichts, wenn wir nicht beginnen und handeln, handeln und nochmals handeln.

Handeln Sie jetzt Es gibt nur zwei Misserfolge im Leben: Eine wichtige Sache nicht zu beginnen und eine wichtige Sache aufzugeben. Ansonsten gibt es keine Misserfolge, denn der Misserfolg ist ja auch etwas, was erfolgt, also die Folge von unseren Gedanken und Handlungen.

Damit Sie Ihre Erfolge steigern können, müssen Sie öfter handeln, müssen Sie handeln, wo Sie bisher gezaudert haben.

Natürlich gibt es eine Fülle von Ausreden, warum wir dieses oder jenes noch nicht gemacht haben. Wenn wir eine wichtige Sache jedoch schon länger verschoben haben, steckt Angst dahinter. Angst blockiert und führt immer zum Zaudern und Aufschieben. Wenn wir dieses Verhaltensmuster erkennen, dann können wir es durchbrechen.

Fragen Sie sich jetzt, welche wichtige Aufgabe Sie jetzt beginnen können. Was ist der erste Schritt, um diese Aufgabe zu erledigen, was ist der zweite Schritt? Wenn Sie jetzt auch nur 15 Minuten dafür investieren, bringt Sie das weiter. Wenn Sie immer wieder Teilaufgaben erledigen, kommen Sie Schritt für Schritt weiter.

Handeln signalisiert Mut und Selbstvertrauen Wenn wir immer wieder Aufgaben erledigen, die unseren Erfolg fördern, stärken wir dadurch unseren Mut und unser Selbstvertrauen. Je öfter wir Aufgaben ausführen, die Mut und Selbstvertrauen erfordern, umso stärker wird unser Mut und Selbstvertrauen. Nicht-Handeln signalisiert persönliche Schwäche. Kontinuierliches Handeln in Richtung unserer Ziele signalisiert persönliche Stärke. Erfolgreiche Menschen haben große Träume und Ziele und sie handeln, handeln und handeln.

Für unseren Erfolg ist entscheidend, dass wir Tag für Tag Aufgaben erledigen, die uns unseren persönlichen und beruflichen Zielen näher bringen. Unser Handeln trägt vor allem dann Früchte, wenn es zielorientiert ist. Es gibt genügend Menschen, die Tag für Tag hart arbeiten und trotzdem so wenig erreichen. Fleiß und hartes Arbeiten sind keine Garantie für den Erfolg. Es heißt nicht umsonst: *„Weniger ist mehr.“*

Gedanken

Wir sollten uns immer wieder fragen:

- Wie war mein heutiger Arbeitstag?
- Welche Aufgaben habe ich heute erledigt, die mich meinen wichtigsten Zielen nähergebracht haben?
- Welche Aufgaben habe ich heute erledigt, die für meinen kurz- und mittelfristigen Erfolg wichtig sind?
- Bin ich mit meinen heutigen Leistungen zufrieden?
- Was hätte ich heute besser machen können?
- Gibt es derzeit eine wichtige Aufgabe, die ich schon eine Zeit lang in Angriff nehmen sollte?
- Welche Vorteile habe ich, wenn ich die Aufgabe erledigt habe?
- Wie würde ich mich nach Abschluss dieser Aufgabe fühlen?

Fassen Sie dann den unumstößlichen Entschluss, noch in dieser Woche diese Aufgabe zu beginnen! Selbst wenn Sie morgen vielleicht nur 15 Minuten an dieser Aufgabe arbeiten können, tun Sie es. Lassen Sie sich nicht mehr von der Ausrede: „Ich habe momentan keine Zeit" davon abhalten, wichtige Aufgaben prompt zu erledigen. Je schneller und entschlossener Sie eine Aufgabe beginnen und je beharrlicher Sie daran bleiben, umso leichter gelangen Sie an Ihre Ziele. Eine der wichtigsten Eigenschaften ist es, wichtige Aufgaben, auch wenn sie unangenehm sind, entschlossen anzupacken. Auch wenn Sie täglich davon nur ein bis zwei Teilaufgaben erledigen, werden Sie die Aufgabe rasch erledigt haben. Im Gegensatz zum Aufschieben verleiht Ihnen entschlossenes Anpacken neuen Schwung und neue Motivation für neue Aufgaben.

Der Glaube versetzt Berge

Der Glaube an uns selbst und unsere Ziele entscheidet wesentlich darüber, was wir in unserem Leben erreichen oder nicht. Es kommt regelmäßig vor, dass talentierte Menschen von weniger begabten Menschen beruflich überholt werden. Gründe dafür gibt es natürlich verschiedene. Immer wieder kann man jedoch beobachten, dass die Menschen, die an sich und ihre Fähigkeiten glauben, ihre Ziele fast ausnahmslos erreichen. Das beste Talent und Wissen nützt nur wenig, wenn der Glaube an den eigenen Erfolg fehlt.

Die größte Macht geht von dem aus, woran man glaubt, auch wenn das Geglaubte der Vernunft vollkommen entgegengesetzt scheint.

Claude Bristol

Das Problem ist oft, dass der Glaube nicht völlig fehlt, sondern dass dieser schwach ist. Wir entfalten unsere Kräfte und Fähigkeiten jedoch erst optimal, wenn der Glaube an uns selbst stark ist. Mit einem schwachen Glauben hat noch niemand viel erreicht. Es kommt leider allzu oft vor, dass Menschen sich durch Rückschläge und Misserfolge entmutigen lassen und den Glauben an sich selbst verlieren. Es gibt wahrscheinlich keinen erfolgreichen Menschen, der nicht Rückschläge hinnehmen musste. Ich habe immer wieder erlebt und gesehen, dass sich erfolgsbewusste Menschen auch von Rückschlägen nicht unterkriegen lassen.

Während Fehlschläge viele Menschen entmutigen, werden andere dadurch geradezu gestärkt. Solange jemand den Glauben an sich und seinen Erfolg nicht verliert, ist auch nach einem Misserfolg nichts verloren. Entscheidend ist jedoch, dass aus jedem Fehler etwas gelernt wird.

Wer an seine Grenzen glaubt, kann sie nicht überwinden

Ob ein Mensch glaubt, er kann etwas, oder ob ein Mensch glaubt, er kann etwas nicht, er hat immer recht.

Henry Ford

Nicht selten glauben Menschen mehr an ihre Grenzen als an ihre Möglichkeiten und Chancen. Wer an seine Grenzen glaubt, hält gar nicht mehr Ausschau nach Möglichkeiten, diese Grenzen zu überwinden. Bevor wir Grenzen überwinden können, müssen wir zuerst die Überzeugung aufgeben, dass diese nicht überwunden werden können. Ob wir an unsere Grenzen glauben oder an unsere Ziele, unser Glaube wirkt immer. Das Problem mit dem Glauben ist oft, dass Menschen ihre Glaubenshaltungen als Naturgesetz betrachten und diese daher selten bis nie in Frage stellen. Wenn Sie im Leben das erreichen wollen, was Ihnen wichtig ist, müssen Sie negative Glaubenshaltungen erkennen und überwinden.

Viele Grenzen sind imaginativ, sie existieren hauptsächlich in unserer Vorstellung. Nichts hält einen Menschen mehr davon ab seine Träume zu verwirklichen als mangelnder Glaube an sich selbst. Glauben Sie, dass Glück und Erfolg auch für Sie bestimmt sind? Wenn Sie dies glauben, werden Sie automatisch auch nach Dingen Ausschau halten, die Ihnen Glück und Erfolg bringen.

Wenn wir uns ändern, ändert sich unser Leben Wenn wir in unserem Leben etwas ändern wollen, dann müssen wir uns zuerst ändern. Viele sagen:
„Wenn ich nur eine bessere Ausbildung hätte“,
„Wenn ich nur in einer besseren Firma arbeiten würde“,
„Wenn ich eine Chance hätte“,
„Wenn ich einen besseren Partner hätte“,
„Wenn ich eine bessere Gesundheit hätte“ u. a.

Diese Leute glauben, dass sich ihre Lebenssituation verbessern würde, wenn die äußeren Bedingungen besser wären. In Wirklichkeit würde eine äußere positive Veränderung gar nichts verbessern, solange sie ihre Einstellung nicht verändern.

Wir können unsere Lebensumstände positiv verändern, wenn wir uns ändern.

Immer wieder höre ich von Leuten: „Ja, wenn ich noch jünger wäre, dann würde ich nochmals durchstarten und dieses und jenes besser machen." Das Interessante ist, dass solche Aussagen von Teilnehmern kommen, deren Alter sich zwischen 35 und 45 Jahren bewegt. Was hören Sie hier für Glaubenssätze heraus? Erstens glauben sie, nicht mehr jung genug zu sein und zweitens, dass es sich in ihrem Alter sowieso nicht mehr lohnt etwas zu ändern. Solche negative Glaubenssätze haben eine sehr blockierende Wirkung. Auf der anderen Seite sehen wir immer wieder Menschen, die sich trotz ihres fortgeschrittenen Lebensalters nicht von ihren Vorhaben abbringen lassen. Menschen, die glauben, dass man ab 50 Jahren nichts Hervorragendes mehr leisten kann, werden selten enttäuscht.

Von den bekannten Schriftsteller des positiven Denkens wie *Joseph Murphy, Dale Carnegie, Normen Vincent Peale* und *Napoleon Hill* weiß ich, dass diese Leute erst nach dem 45. Lebensjahr den großen Durchbruch in ihrem Leben geschafft haben. Auch *Will Kellogg* war schon 46 Jahre, als er sich dazu entschloss selbstständig zu werden. *Will Kellogg* war ein schüchterner Mensch ohne nennenswerte Talente und ohne Freunde. Bis zum 46 Lebensjahr arbeitete *Will* für seinen älteren Bruder, einen bekannten, aber sehr geizigen Arzt, der *Will* monatlich einen Hungerlohn bezahlte.

Bei der Herstellung von Getreidegerichten für die Patienten von *Dr. Kellogg* kamen die beiden Männer auf die Idee, Weizenflocken herzustellen. Die Patienten waren von diesen Weizenflocken begeistert. *Will* schlug seinem Bruder vor, diese Flocken in großen Mengen herzustellen und zu verkaufen.

Dr. Kellogg hielt von dieser Idee überhaupt nichts, denn sie war ja nur von seinem Bruder, der lediglich Hilfsdienste verrichtete. *Dr. Kellogg* nahm seinen Bruder gar nicht ernst, als dieser ihm seinen Teil des Patents abkaufen wollte. Schließlich willigte *Dr. Kellogg* ein und *Will* gründete 1906 sein eigenes Unternehmen. Obwohl *Will Kellogg* nur jahrelang der Handlanger für seinen Bruder gewesen war, hatte er nie aufgehört, an sich selbst zu glauben. Sein Geschäft erlebte in kürzester Zeit einen enormen Aufschwung und *Will Kellogg* wurde innerhalb einiger Jahre zu einem der reichsten Männer Amerikas.

Beharrlichkeit im Glauben Immer wieder bin ich bei meinen Studien und Untersuchungen verschiedenster Erfolgsfaktoren auf die „Beharrlichkeit" gestoßen. In vielen Büchern wird die Beharrlichkeit als Verhalten dargestellt, was nur zum Teil stimmt. Beharrlichkeit ist eine *Einstellung* und kein Verhalten. Klar ist, dass sie sich, wenn sie in der Einstellung vorhanden ist, auch im Verhalten zeigt.

Wie lange, glauben Sie, arbeitet jemand beharrlich an einem selbstgesteckten Ziel, wenn er nicht mehr glaubt, es erreichen zu können? Richtig. In dem Moment, in dem jemand nicht mehr an den erfolgreichen Ausgang einer Sache glaubt, setzt er keine oder nur noch sehr wenig Energie dafür ein. Im Prinzip gibt es nur die *„Beharrlichkeit des Glaubens“*. Das bedeutet, dass ich, auch wenn ich schon lange an einer Sache gearbeitet habe, beharrlich an den angestrebten Erfolg glauben muss.

Auf dem Weg zum Erfolg gibt es immer wieder Durststrecken, während derer die gewünschten Erfolgserlebnisse ausbleiben. Nur jemand, der stark an sein Ziel glaubt, wird mit starker Entschlossenheit daran weiterarbeiten. Wenn sich eine Sache nicht wunschgemäß entwickelt, tauchen oft Zweifel auf, die eventuell auch noch durch Mitmenschen genährt werden. Wer auftauchende Zweifel nicht kontrolliert, wird von diesen gebremst.

Nicht umsonst hat *Shakespeare* geschrieben:

Zweifel sind die Verräter an dem Guten,
welches wir oft zu leisten imstande wären,
wenn wir in der Lage wären,
unsere Zweifel zu überwinden.

Wie viele Menschen leben weit unter ihren potenziellen Möglichkeiten, weil Zweifel ihren Mut geschwächt hat. Ohne Mut und Selbstvertrauen kann jedoch kein Mensch sein Potenzial entfalten. Der Zweifel ist eine negative Geisteshaltung, der viele positive Eigenschaften eines Menschen schwächen oder gar lahm legen kann. Zweifeln können wir nur mit starken positiven Glaubenshaltungen erfolgreich entgegentreten.

Der Placebo-Effekt Ein Placebo ist ein Scheinmedikament aus Milchzucker ohne jegliche pharmakologische Wirkstoffe. Die vielen Versuche, die es mit Placebos gab, zeigten immer wieder, dass diese Scheinmittel trotzdem eine ganz beachtliche Wirkung haben. Placebo-Kapseln hatten wiederum eine höhere Wirksamkeit als Placebo-Tabletten. Es zeigten sich teilweise auch große Unterschiede in der Wirkung, je nachdem, welche Farbe ein Scheinmedikament hatte. Dies hat zu der Erkenntnis geführt, dass ein Placebo nur deshalb positive therapeutische Wirkungen haben kann, weil der Patient glaubt, dass ihm dieses Mittel helfen wird. Die ganze Wirkung, die von Placebos festgestellt werden kann, wird rein durch die Glaubenshaltung eines Patienten verursacht. Es wurde auch festgestellt, dass die Wirkung eines Medikamentes besser oder schlechter ist, je nachdem wie stark ein Patient an die Fähigkeiten seines Arztes glaubt; die Wirksamkeit von Placebos wurde auch bei Krankheiten wie Bluthochdruck, Arthritis, Allergien, Magengeschwüren und Migräne nachgewiesen. Die Wirksamkeit liegt in einer Bandbreite von 30 bis 60 Prozent.

Die Wirkung eines Scheinmedikamentes tritt also nicht durch den in der Tablette enthaltenen Milchzucker, sondern durch die positive Erwartungshaltung des Patienten ein. Es zeigt sich auch, dass die Wirkung umso besser ist, je mehr eine Person auf die positive Wirkung eines Placebos vertraut. Wie verschiedene Untersuchungen gezeigt haben, bewirkt die positive Überzeugung, mit der ein Patient ein Placebo nimmt, sogar messbare biochemische Veränderungen im Körper. Unsere Gedanken und Glaubenshaltungen haben einen sehr starken Einfluss auf unser Wohlbefinden und unsere Gesundheit.

Rückschläge sind ein Test für unseren Glauben Wie stark unser Glaube an unsere Ziele und unseren Erfolg ist, zeigt sich speziell in Situationen, bei denen wir mit Rückschlägen konfrontiert werden. Während sich gewisse Menschen von Rückschlägen entmutigen lassen, mobilisieren andere wiederum ungeahnte Kräfte. Ich bewundere alle Menschen, die trotz harter Rückschläge ihre Ziele weiterverfolgt haben. Fast alle Menschen, die den Glauben auch in solchen Situationen nicht verlieren, finden einen Weg, ihr Vorhaben zu realisieren. *Mahathma Gandhi* hat an seine Vision geglaubt, Indien ohne blutigen Krieg von den Engländern zu befreien. Niemand außer ihm hätte sich dies auch nur im Traum vorstellen können. *Gandhi* hat jedoch an diesen Traum geglaubt. Es war *Gandhis* unwiderstehlicher Glaube, der ihn trotz unzähliger Hindernisse beständig vorantrieb, seine Vision zu realisieren. Durch seinen Glauben machte er das scheinbar Unmögliche möglich. Seine unwiderstehliche Kraft schöpfte *Gandhi* sowohl aus seinem Glauben an seine Vision als auch aus seinem tief religiösen Glauben.

Erworbene Glaubensmuster Wir sind ohne Glaubensmuster auf die Welt gekommen. Alle Glaubensmuster, die wir bis zum heutigen Tage angenommen haben, haben wir im Laufe unseres Lebens durch mitmenschliche Beeinflussung oder eigene Vorstellungen entwickelt. Einen Großteil unserer Glaubensmuster haben wir jedoch von anderen Menschen übernommen. Ein Glaubensmuster ist eine Vorstellung, die wir als Wahrheit akzeptieren und an deren Richtigkeit wir nicht zweifeln. Viele Glaubensmuster haben wir von unseren Eltern übernommen, aber auch von Geschwistern, Freunden, Verwandten, Bekannten, Lehrpersonen, Autoritäten und Geistlichen.

Als Kind haben wir Glaubenssätze selten auf deren allgemeine Richtigkeit hinterfragt und haben sie einfach angenommen. Ab dem Zeitpunkt, an dem wir einen Glaubenssatz angenommen haben, hat uns dieser beeinflusst. Da jeder Mensch an seine Glaubenssätze glaubt, findet er diese im Leben immer wieder bestätigt. Hat ein Kind in seiner Kindheit z.B. mehrmals von einem Elternteil gehört „Du wirst es zu nichts bringen" und hat diese Botschaft angenommen, kann dadurch ein sehr gefährlicher Glaubenssatz entstanden sein. Dieser Glaubenssatz könnte vollkommen ausreichen, dass sich ein Mensch als Versager sieht und beruflich weit unter seinen Möglichkeiten bleibt.

Negative Glaubenshaltungen gehören deshalb zu den gefährlichsten Erfolgsblockaden. Leider gehen erwachsene Menschen oft mit Worten und Aussagen sehr leichtfertig um und unterschätzen die Langzeitfolgen. Gerade Kinder sind für negative Botschaften besonders empfänglich. Negative Aussagen – vor allem, wenn sie regelmäßig wiederholt werden – führen auch bei erwachsenen Menschen zu negativen Denkmustern

Gerade für junge Menschen ist es sehr wichtig, dass ihre Eltern an sie glauben und dies auch immer wieder ausdrücken. Kinder und Jugendliche brauchen zur Stärkung ihres Selbstwertgefühles und Selbstvertrauens regelmäßig positive Rückmeldungen von ihren Eltern und Mitmenschen. Jedes Lob tut einem Kind und Jugendlichen gut und hilft ihm, sein Selbstwertgefühl zu stärken und an sich selbst zu glauben. Kinder, die von ihren Eltern oder Lehrpersonen zu oft kritisiert werden, können sehr leicht den Glauben an sich selbst verlieren. Wenn sie den Glauben an sich selbst verlieren, schlägt dieser in einen Unglauben um. Das bedeutet, dass sie glauben unfähig, ungeschickt oder nutzlos zu sein. Wenn ein Kind oder Jugendlicher eine Zeit lang mit diesem Glauben lebt, kann sich daraus sehr leicht eine Versagermentalität entwickeln.

Deshalb ist es ungeheuer wichtig, dass Eltern, aber auch Lehrpersonen positiv auf Kinder und Jugendliche einwirken. Wer bereit ist, sich auf die positiven Seiten eines Menschen zu konzentrieren, wird sie auch immer finden. Regelmäßiges Lob von Eltern und Lehrpersonen ist für Jugendliche oft tausendmal mehr wert als unnützer Wissensballast. Eine Pflanze kann nur gedeihen, wenn sie regelmäßig genügend Wasser, Licht, Luft und Nährstoffe erhält. Ein Kind kann auch nur gesund heranwachsen, wenn es regelmäßig positive Rückmeldungen erhält. Ein junger Mensch, der regelmäßig gelobt wird, entwickelt einen positiven Glauben an die eigene Person und ein gesundes Selbstwertgefühl.

Glaubensmuster steuern unser Verhalten Obiges Zitat mag recht simpel anmuten, in dieser Aussage steckt jedoch eine wichtige Erkenntnis. Immer wieder habe ich bei mir und anderen beobachtet, dass sich der Mensch oft konträr zu seinem Willen verhält. Ein ganz einfaches Beispiel: Sie waren am Sonntagabend mit Freunden noch feiern und es wird spät, bis Sie ins Bett kommen. Pünktlich um 6.00 Uhr morgens werden Sie vom Wecker unsanft aus dem Schlaf geholt. Es wäre Ihr sehnlichster Wunsch noch mindestens drei bis vier Stunden zu schlafen. Trotz ihres Wunsches reißen Sie sich mit letzter Kraft zusammen und stehen auf, dass Sie pünktlich am Arbeitsplatz sind. Die Frage ist jetzt, warum geht ein Mensch trotzdem pünktlich zur Arbeit, obwohl er den starken Wunsch hat noch einige Stunden zu schlafen?

Weil er eine innere Entscheidung gefällt hat. Unsere Entscheidungen werden in hohem Maße von unseren Glaubenshaltungen beeinflusst. Spielen wir diese Entscheidung einfach fiktiv durch. Zuerst haben Sie daran gedacht, einfach liegen zu bleiben. Dann kamen aber sofort Gedanken darüber, welche Konsequenzen dies in Ihrer Firma haben würde. Sie haben vielleicht gedacht: „In zehn Jahren kam ich nicht einmal zu spät, ich möchte dies weiterhin so halten", oder „Jetzt, wo gerade in unserer Firma Leute abgebaut werden, würde ich mir durch das Fernbleiben oder Zuspätkommen sicher Minuspunkte einhandeln."

Immer wägen wir bei einer Entscheidung innerlich ab: „Wird mir die Handlung Schmerz oder Freude bringen?" Immer sind wir bestrebt, Schmerz zu vermeiden und Freude zu gewinnen. Jetzt könnte man denken, unausgeschlafen aufzustehen und zur Arbeit zu gehen bedeutet auch Schmerz. Richtig. Wenn man aber die Konsequenzen bedenkt – mögliche Minuspunkte beim Chef – ist der Schmerz, unausgeschlafen aufzustehen im Gegensatz dazu geringer. Und was hat dies mit den Glaubensmustern zu tun? Bei jeder Entscheidung hat unsere Glaubenshaltung den größten Einfluss. Die Entscheidung doch arbeiten zu gehen, ist aufgrund der Glaubenshaltung gefallen: „Auch wenn ich noch hundemüde bin, ich würde mir durch das Zuspätkommen oder Fernbleiben nur selbst schaden. Auch wenn ich nicht ausgeschlafen bin, ist es das Beste, wenn ich arbeiten gehe."

Der Mensch macht nicht das, was er will, sondern das, was er glaubt.

Scheinbar Unmögliches wird möglich Lange Zeit hielten Menschen an der Glaubensvorstellung fest, dass es für einen Menschen unmöglich sei, eine Meile unter vier Minuten zu laufen. Viele, viele Läufer scheiterten im Laufe der Zeit daran, die magische Vier-Minuten-Marke zu unterbieten; 1954 gelang das erstmals einem Menschen. *Roger Bannister* war der erste Mensch, der eine Meile unter vier Minuten lief und dies, obwohl Experten behaupteten, dass dies unmöglich sei. Dass es *Roger Bannister* trotzdem gelang, war eine große Sensation.

Wie konnte *Roger Bannister* dies schaffen, obwohl er keine nennenswerten Vorteile gegenüber Läufern hatte, die bis zu diesem Zeitpunkt alle gescheitert waren? Er hatte einen großen Vorteil, zwar keinen körperlichen, aber einen mentalen. Um die Meile unter vier Minuten zu laufen trainierte *Roger Bannister* nicht nur seinen Körper, sondern auch seinen Geist. Er stellte sich wochenlang geistig immer wieder vor, wie er die Vier-Minuten-Barriere überwinden und eine neue Rekordzeit aufstellen würde. Dieses regelmäßige mentale Durchspielen des Erfolgs in seinem Kopf ließ in ihm immer mehr die Überzeugung und den Glauben reifen, dass er es schaffen würde. Durch das regelmäßige Visualisieren hat er sein Gehirn lange vor dem Ereignis auf Erfolg eingestellt und seinen Glauben daran optimal gestärkt.

Das Interessante ist: nachdem *Roger Bannister* im Jahr 1954 den Durchbruch geschafft hatte, gelang dies im gleichen Jahr noch 37 weiteren Läufern. Dies ist insofern nicht verwunderlich, da *Roger Bannister* mit seiner Leistung ja auch für die anderen Läufer die psychologische Barriere durchbrochen hatte.

Jeder Mensch hat im Laufe der Zeit positive und negative Überzeugungen entwickelt. Während die positiven Glaubenshaltungen einen förderlichen Einfluss haben, wirken die negativen blockierend. Damit Sie in Ihrem Leben den gewünschten Erfolg haben, den Sie sich wünschen, müssen Sie unbedingt die Glaubenssätze kennen, die den stärksten Einfluss auf Ihr Leben haben.

Negative Überzeugungen sind kritische Erfolgsblockaden. Die nachteilige Wirkung von negativen Glaubenssätzen lässt sich auch durch stärkste Willensanstrengungen nicht aufheben. Zudem ist die Wirkung von Willensanstrengungen nur von kurzer Dauer, während Glaubenshaltungen ständig weiterwirken.

Die wenigsten Glaubenssätze, die wir im Unterbewusstsein verankert haben, haben wir bewusst gewählt. Wenn wir unsere Erfolgsfähigkeit steigern wollen, müssen wir besonders förderliche Glaubensätze formen. Damit Sie Ihre Ziele erreichen, brauchen Sie Glaubenssätze, die Sie dabei unterstützen.

Erfolg ist weitgehend das Ergebnis unseres unwandelbaren Glaubens an den Erfolg und viel weniger das Resultat überlegener Intelligenz.

Dr. W. Scott

Der Glaube ohne Werke ist tot Was würden Sie davon halten, wenn jemand sagt: „Ich glaube, dass ich eines Tages ein großer Musiker bin“ und er rührt höchst selten ein Instrument an? Oder jemand sagt zu Ihnen: „Ich werde bis in einigen Jahren ein erfolgreicher Skirennläufer sein“, Sie stellen aber fest, dass sich dieser Jemand ständig um das Training drückt? Sie würden die Erfolgschancen dieser Leute wahrscheinlich nicht allzu hoch einschätzen, stimmts? Warum? Weil Sie feststellen können, dass sie ihren Glauben nicht leben und der Glaube ohne Werke tot ist, wie es in der Bibel heißt.

Es gibt ja genügend Menschen, die ihren Freunden und Bekannten regelmäßig erzählen, was sie alles tun wollen und es doch nicht tun. Das heißt nicht, dass sie potenziell nicht in der Lage wären es zu tun. Vielleicht glauben solche Menschen nicht wirklich daran und tun deshalb nicht das, was sie zu tun gedenken. Was ein Mensch wirklich im Innersten glaubt, zeigt sich in dem, was er regelmäßig macht, und in dem, was er regelmäßig unterlässt bzw. vermeidet.

Unser positiver Glaube kann nur wachsen, indem wir unseren Glauben wie einen Muskel trainieren. Und dies machen wir am besten, wenn wir ihn durch tägliche Handlungen nach außen demonstrieren. Deshalb ist es von höchster Wichtigkeit, dass Sie im Prinzip – bis auf wenige Ausnahmen – täglich an Ihren Zielen arbeiten. Wenn Sie täglich an Ihren Zielen arbeiten, auch wenn es manchmal nur einige kleine Schritte sind, zeigt dies, dass Sie an Ihre Ziele glauben. Wenn Sie sich selbst jedoch dabei ertappen, dass Sie oft Tage und Wochen vergehen lassen, bis Sie wieder an Ihren Zielen arbeiten, dann sollten Sie dringend Ihre Glaubensmuster und die Stärke Ihrer Motivation bezüglich dieser Ziele prüfen. Indem Sie regelmäßig prüfen, was Sie im Laufe einer Woche tun oder unterlassen, können Sie immer besser lernen Ihre Glaubensmuster zu kontrollieren. Entscheidend ist für Ihren Erfolg das, was Sie regelmäßig in Form von Handlungen umsetzen. Sie können sich am Ende der Woche regelmäßig fragen:

- Was waren in dieser Woche meine wichtigsten Handlungen?
- Was habe ich diese Woche für meine Ziele getan?
- Habe ich in dieser Woche etwas Wichtiges hinausgeschoben? Falls ja, warum?
- Wann werde ich diese Aufgabe erledigen?

Diese Fragen sind für Sie eine positive Erfolgskontrolle und helfen Ihnen auch, unbewusste Schwachpunkte zu erkennen und zu überwinden. Es wird Ihnen dadurch immer besser gelingen, Ihren positiven Glauben aktiv für Ihren Fortschritt und Erfolg zu nutzen.

Die Kraft der Veränderung

Um die gewünschten Fortschritte zu machen und die Erfolge zu erzielen, die Sie sich vorstellen, brauchen Sie Glaubenssätze, die Ihnen die Möglichkeit geben Ihr Potenzial optimal zu nutzen. Sie müssen weiters diejenigen Glaubenssätze erkennen und eliminieren, die Sie daran hindern, Ihre Ziele zu erreichen. Sie können sich gut vorstellen, dass man mit schwachen Muskeln und einer schlechten Kondition keinen sportlichen Wettkampf gewinnen kann. Ein Sportler, der nicht nur an einem Wettbewerb teilnehmen, sondern dabei auch ein gutes Ergebnis erzielen will, muss in einem optimalen körperlichen Zustand sein. Regelmäßiges Training ist deshalb unverzichtbar.

Erkennen Sie Ihre Glaubenssätze

Damit Sie Ihre gewünschten Ergebnisse im privaten und beruflichen Bereich erzielen, brauchen Sie positive, kraftvolle Glaubenssätze, die Sie durch dick und dünn gehen lassen. Positive Glaubenshaltungen sind wie starke Muskeln, die Ihnen helfen Widerstände und Hindernisse zu meistern. Kein Mensch kann ohne starke positive Glaubenshaltungen längerfristig erfolgreich sein. Glaubenshaltungen wirken wie automatisierte Befehle an unser Gehirn. Die besten Glaubenssätze sind die, welche uns die bestmögliche Nutzung unseres Potenzials erlauben. Wenn Sie nicht jetzt sofort Zeit für die nächste sehr wichtige Aufgabe haben, reservieren Sie sich möglichst bald etwas Zeit dafür. Jedes Mal, wenn Sie Aufgaben und Übungen aus diesem Buch umsetzen, investieren Sie in Ihre Lebensqualität und Ihren Erfolg.

Aufgabe

Bitte schreiben Sie auf:

- Fünf bis sieben Glaubenssätze, die sich nachteilig auf mein Leben auswirken.
- Zehn bis zwölf Glaubenssätze, die sich förderlich auf mein Leben auswirken.

Glaubenssätze wirken wie Befehle Vielleicht werden Sie ebenso staunen wie ich, als ich diese Übung vor vielen Jahren das erste Mal gemacht habe. Da ich mich lange Zeit mit dem positiven Denken befasst hatte, war ich nicht wenig überrascht, als ich sah, wie viele unbewusste negative Glaubenssätze ich jahrelang mit mir herumgeschleppt hatte.

Als ich mir die Liste der negativen Glaubenssätze genauer ansah, wurde mir auch plötzlich klar, warum gewisse Dinge in meinem Leben trotz positiven Denkens nicht wunschgemäß verliefen. Mir wurde bewusst, dass man blockierende Glaubensmuster erst eliminieren kann, wenn man sie gezielt aufdeckt. Weiters wurde mir klar, dass man negative Glaubenssätze nicht mit oberflächlichem positiven Denken entwurzeln kann.

Ich entdeckte beispielsweise auf meiner Liste einen Glaubenssatz: *„Alles, was mich nicht umbringt, härtet mich ab."* Plötzlich wurde mir bewusst, dass ich diesen Satz in meiner Jugend von einem Trainer übernommen hatte. Da jeder Glaubenssatz eine subjektive Wahrheit ist, hat dieser Satz wie ein Befehl in meinem Gehirn gewirkt.

Bei meiner Analyse der Glaubenssätze wurde mir sonnenklar, dass dieser Glaubenssatz entscheidend dazu beigetragen hatte meinen Körper oft über die Grenze hinaus zu strapazieren. Meine Mutter sagte oft zu mir, ich solle nicht so übertreiben, aber ihre gut gemeinten Ratschläge prallten an meinem Glaubenssatz ab.

Wenn mein Körper dann anfing zu leiden, dachte ich ganz automatisch: *„Alles was mich nicht umbringt, härtet mich ab."* Die Realität sah aber anders aus. Die vielen Sportverletzungen, die ich mir im Laufe der Jahre zugezogen hatte, hatten mich alles andere als abgehärtet. Stattdessen hatte ich mir Sportschäden zugezogen. Als ich erkannte, welche verheerende Wirkung dieser Glaubenssatz hatte, wusste ich, dass ich diesen schleunigst eliminieren musste.

An obiger Aufgabe ist unter anderem wichtig zu erkennen, dass man, auch wenn man eine positive Lebensorientierung hat, trotzdem unbewusste negative Glaubensmuster haben kann. Es ist ein großer Irrtum, wenn man denkt, dass positive Menschen keine blockierenden Glaubensmuster haben. Allein dies zu erkennen, ist schon Goldes wert.

Aufgabe

Gehen Sie jetzt bitte die Liste der positiven Glaubenssätze durch und suchen Sie drei heraus, von denen Sie denken, dass sie den größten positiven Einfluss auf Ihr Leben haben.

So lautet der Glaubenssatz:

Positive Auswirkung:

Wahrscheinlich sind Sie überrascht festzustellen, welche Auswirkung Ihre drei stärksten positiven Glaubenssätze auf Ihr Leben haben. Um Ihre Wünsche und Ziele zu verwirklichen brauchen Sie förderliche und aufbauende Glaubenssätze. Gleichzeitig müssen Sie die Glaubensmuster erkennen und eliminieren, die der Erreichung Ihrer Ziele im Wege stehen.

Aufgabe

Gehen Sie jetzt bitte die Liste der negativen Glaubenssätze durch und suchen Sie die drei heraus, von denen Sie denken, dass sie den größten negativen Einfluss auf Ihr Leben haben.

So lautet der Glaubenssatz:

Negative Auswirkung:

Wenn Sie sich jetzt vorerst nur auf die Beseitigung eines Glaubenssatzes konzentrieren: welchen möchten Sie als ersten eliminieren?

1 Welcher negative Glaubenssatz steht Ihrem Erfolg momentan am meisten im Wege?

2 Wie lange haben Sie diesen Glaubenssatz schon?

3 Wie ist dieser Glaubenssatz entstanden?
Durch mitmenschliche Beeinflussung?
Durch ein persönliches Erlebnis?

4 Wenn Sie an all die Nachteile denken, die Sie bisher im Zusammenhang mit diesem negativen Glaubenssatz hatten: wie hat sich dieser Glaubenssatz auf Ihr Familienleben, Ihre Partnerschaft, Ihre Gesundheit, Ihre Motivation, Ihre Finanzen, Ihr Selbstvertrauen und Ihren Erfolg ausgewirkt?

5 Hatte dieser Glaubenssatz trotz negativer Auswirkungen auch gewisse Vorteile für Sie?
Wenn ja, welche?

6 Welche negative Auswirkung hätte dieser Glaubenssatz höchstwahrscheinlich auf Ihr Leben auf zwei, drei, vier, fünf, zehn Jahre hinaus, wenn Sie ihn nicht ändern? Wie würde er sich auf Ihr Familienleben, Ihre Partnerschaft, Ihre Gesundheit, Ihre Motivation, Ihre Finanzen, Ihr Selbstvertrauen und Ihren Erfolg auswirken? Vor welcher möglichen negativen Folge haben Sie am meisten Angst?

7 Wenn Sie jetzt an all die Nachteile denken, die Sie bisher – ausgehend von diesem negativen Glaubenssatz – hatten und an die möglichen negativen Langzeitfolgen, wie hoch ist dann Ihre Bereitschaft und Motivation diesen zu entwurzeln?

8 Jede positive Veränderung beginnt mit einer klaren Entscheidung. Wenn Sie jetzt wirklich bereit sind, diesen Glaubenssatz zu verändern, schreiben Sie bitte Ihre Entscheidung mit zwei drei Sätzen auf.

Beispiel: Ich konnte schon vor meinem längeren Aufenthalt in Indien Englisch sprechen und schreiben. In Indien merkte ich jedoch, dass ich die Fachbücher, die ich zu studieren hatte, überhaupt nicht verstand. Nach mühevollen Versuchen legte ich die Bücher nach zwei Wochen zur Seite. Ich war eine Woche lang völlig demotiviert die Bücher wieder anzurühren. Es hatte sich bei mir die Überzeugung (Vorstufe zur Glaubenshaltung) breitgemacht, dass ich es wohl nie schaffen würde diese Bücher in englischer Sprache zu studieren und zu verstehen.

Diese Überzeugung raubte mir eine Woche lang jede Begeisterung, meine Yogalehrerausbildung fortzusetzen. Plötzlich fiel es mir wie Schuppen von den Augen und es wurde mir bewusst, dass ich mir selbst und meiner Yogalehrerausbildung im Wege stand. Mir wurde klar, wie meine negative Überzeugung *„diese englischen Fachbücher werde ich wahrscheinlich nie verstehen"* meine Gefühle und mein Verhalten negativ steuerten. Mir wurde bewusst, dass ich diese negative Überzeugung auf schnellstem Wege ändern musste.

Dazu gab es natürlich nur einen Weg und zwar die negative durch eine positive Überzeugung zu ersetzen. Mein erster Entwurf der neuen Glaubenshaltung hieß: *„Begeistert studiere ich die englischen Yogabücher und verstehe den Inhalt mit jedem Tag immer besser."* Schon ab dem ersten Tag, an dem ich mich auf diesen neuen Glaubenssatz konzentrierte, wurde es mir innerlich leichter und meine Freude und Begeisterung kehrten wieder zurück. Ich merkte in den ersten Tagen, dass ich zeitweilig an die negative Glaubenshaltung denken wollte. Ich lenkte dann aber jeweils meine gedankliche und emotionale Energie sofort auf den neuen Glaubenssatz. Ich konnte dann auch wirklich feststellen, wie es mir von Woche zu Woche leichter fiel, diese Bücher zu studieren und den Inhalt mit fachspezifischem Englisch immer besser zu verstehen.

Aufgrund der gemachten Fortschritte und Erfolge wusste ich dann einfach *„Ich kann's"*, was für mich der Code zu meiner Überzeugung war, dass ich *jetzt jedes* noch zu studierende Fachbuch in englischer Sprache gut lesen kann und auch optimal verstehe. Wie hätte sich die negative Überzeugung ausgewirkt, wenn ich sie nicht geändert hätte? Höchstwahrscheinlich hätte ich meine Ausbildung nicht erfolgreich abgeschlossen und mein Leben wäre aufgrund dessen ganz anders verlaufen. Wie hat sich die positive Überzeugung über all die Jahre ausgewirkt?

Sehr, sehr positiv. Erstens habe ich die Yogalehrerausbildung erfolgreich absolviert und seit 1980 habe ich Hunderte von englischen Fachbüchern, die für mich als Management-, Persönlichkeits- und Verkaufstrainer sehr wichtig waren, studiert. Ich habe auch einen eineinhalbjährigen Lehrgang in englischer Sprache sowie meine NLP Trainerausbildung in den USA absolviert. Auch wenn es vielleicht fantastisch klingt, an einer Überzeugung ist es gelegen, wie sich mein Leben beruflich und somit auch privat entwickelte.

Aufgabe

Angenommen Sie hätten den negativen Glaubenssatz schon positiv verändert, wie würde der neue positive Glaubenssatz lauten?

Sie werden sich jetzt vielleicht fragen, ob Sie den neuen positiven Glaubenssatz richtig formuliert haben.

Das können Sie herausfinden, indem Sie anschließend die Augen schließen und sich dann bildhaft vorstellen, wie Sie im Alltag mit dem neuen Glaubenssatz leben. Wenn der neue Glaubenssatz in Ihnen positive Bilder und Emotionen aktiviert, dann können Sie davon ausgehen, dass Ihr Glaubenssatz ideal ist. Wenn Sie mit dem neuen Glaubenssatz arbeiten, kann es durchaus sein, dass Ihnen nach ein bis zwei Wochen noch eine bessere Formulierung einfällt.

Was glauben Sie, wie sich der neue Glaubenssatz innerhalb eines Jahres, innerhalb von drei Jahren, innerhalb von fünf Jahren auf Ihr Familienleben, Ihre Partnerschaft, Ihre Gesundheit, Ihre Motivation, Ihre Finanzen, Ihr Selbstvertrauen und Ihren Erfolg auswirken wird?

Übung

Den neuen Glaubenssatz verankern

1 Verinnerlichen Sie diesen neuen positiven Glaubenssatz. Nehmen Sie sich mindestens täglich einmal die Zeit, um zu visualisieren – sich bildhaft vorzustellen –, wie Sie mit diesem neuen Glaubenssatz leben. Fühlen Sie dabei, welche Emotionen durch diesen Glaubenssatz geweckt werden. Denken Sie daran: ein förderlicher Glaubenssatz sollte stets positive Emotionen wecken. Genießen Sie bildhaft und emotional die Wirkung des neuen Glaubenssatzes.

2 Richten Sie im Alltag immer wieder Ihr Bewusstsein auf die neue Überzeugung. Wiederholen Sie geistig mehrmals pro Tag den Glaubenssatz in einem positiven emotionalen Zustand.

3 Lassen Sie sich nicht dadurch beirren, wenn Sie zeitweilig noch Nachwirkungen des alten negativen Glaubenssatzes – was völlig normal ist – wahrnehmen; arbeiten Sie beharrlich mit dem neuen Glaubensmuster weiter. Handeln Sie bei jeder Gelegenheit so, als ob die neue Glaubenshaltung schon zu Ihrer zweiten Natur geworden ist.

4 Schreiben Sie vor allem in den ersten Wochen jedes Erfolgserlebnis im Zusammenhang mit dem neuen Glaubenssatz in Ihr Erfolgsjournal. Freuen Sie sich über jeden Fortschritt.

5 Sie können die Wirkung des neuen Glaubenssatzes deutlich steigern, wenn Sie diesen mehrmals pro Woche verstärken. Sie können den neuen Glaubenssatz dadurch verstärken, dass Sie die Erfolgserlebnisse, die Sie im Zusammenhang mit dem neuen Glaubenssatz haben, im Nachhinein visualisieren und die positiven Emotionen dabei ganz intensiv empfinden. Dadurch werden die positiven Eindrücke in Ihrem Gehirn und Nervensystem verstärkt.

6 Wenn Sie erfolgreich den alten, unerwünschten Glaubenssatz durch den neuen kraftvollen, erfolgsfördernden Glaubenssatz ersetzt haben, können Sie daran gehen, einen weiteren negativen Glaubenssatz positiv zu verändern.

Gewohnheiten prägen Ihr Leben

Die Persönlichkeit eines Menschen wird durch die Summe seiner Gewohnheiten geprägt. Gewohnheiten haben den stärksten Einfluss auf unser Leben. Vieles, was Sie Tag für Tag tun, machen Sie großteils gewohnheitsmäßig. Dies trifft natürlich auf die allermeisten Menschen zu. Gewohnheiten sind anfangs dünn wie ein Faden und später stark wie ein Stahlseil. Spätestens dann, wenn jemand versucht eine Gewohnheit zu ändern, merkt er, wie stark und zäh Gewohnheiten sind. Während viele Menschen von ihren Gewohnheiten kontrolliert werden, kontrollieren erfolgreiche Menschen ihre Gewohnheiten.

Viele Menschen werden von ihren Gewohnheiten kontrolliert, erfolgreiche Menschen kontrollieren ihre Gewohnheiten.

Ich habe mehrere Biografien erfolgreicher Persönlichkeiten gelesen. Fast alle mussten, bevor Sie etwas Großes in ihrem Leben erreichten, verschiedenste Rückschläge und Misserfolge überstehen. Auch sie hatten ihre Schwächen und negativen Gewohnheiten. Sie haben sich aber nicht einfach damit abgefunden, sondern haben geduldig an der Entwicklung positiver, förderlicher Gewohnheiten gearbeitet. Mit der Zunahme der positiven und Abnahme der negativen Gewohnheiten erlebten diese Persönlichkeiten einen erfolgreichen Aufschwung in ihrem Leben.

Entwickeln Sie gute Gewohnheiten

Während destruktive Gewohnheiten meistens unbewusst entstehen, müssen wir an der Entwicklung positiver Gewohnheiten bewusst arbeiten. Ein Seminarteilnehmer hat einmal zu diesem Thema gefragt, ob es sinnvoll sei, perfekt sein zu wollen. Meine Antwort war nein und ich habe erklärt, dass es nicht darum gehe jede kleine und kleinste negative Gewohnheit auszurotten. Was aber Sinn macht, ist, erstens die Gewohnheiten zu verändern, die einen sehr negativen Einfluss auf unser Leben haben und welche wir loswerden wollen. Zweitens, dass wir solche Gewohnheiten aufbauen, die uns unterstützen, unsere selbstgesteckten Ziele zu erreichen. Ohne wichtige positive Gewohnheiten ist es nahezu unmöglich, ein glückliches, erfülltes und erfolgreiches Leben zu führen.

Gewohnheiten sind Automatismen Da Gewohnheiten ganz automatisch ablaufen, nennt man sie auch Automatismen. Unser Verhalten wird durch unsere Automatismen ständig beeinflusst. Oft nehmen Menschen im Alltag gar nicht wahr, wie sie von ihren Automatismen gelenkt und gesteuert werden. Negative Gewohnheiten entstehen ganz leicht, während es schwer ist, mit ihnen zu leben. Hingegen brauchen neue Gewohnheiten Übung und Geduld, dafür lässt es sich mit den positiven Automatismen viel leichter leben.

Die gefährlichste Gewohnheit ist, dass Menschen sich an negative Gewohnheiten gewöhnt haben.

Es ist vor allem sehr kritisch sich an Gewohnheiten gewöhnt zu haben, die mittel- und langfristig einen großen Nachteil für unser Leben haben. Wer nicht seine Gewohnheiten kontrolliert, wird von ihnen kontrolliert.

Was glauben Sie, warum Menschen

fast immer das gleiche essen,
fast immer ähnliche Kleidung tragen,
fast immer ihre Lieblingssendungen ansehen,
fast immer die gleichen Menschen treffen,
fast immer die gleichen Produkte verwenden,
fast immer seit Jahren an den gleichen Urlaubsort fahren,

fast immer seit Jahren die gleichen Geschenke machen, seit vielen Jahren in der gleichen Firma arbeiten, wenn auch unmotiviert?

Genau! Gewohnheit ... Gewohnheit ... und nochmals Gewohnheit. Gewohnheit ist gleichbedeutend mit unserer Komfortzone, auch Bequemlichkeitszone genannt. Jeder Mensch, der die Entscheidung gefällt hat, seine Fähigkeiten und Talente optimal zu nutzen, muss immer wieder bereit sein, die Komfortzone zu verlassen.

Erkennen Sie Ihre Gewohnheiten Gewohnheitstiere erkennt man daran, dass sie relativ oberflächlich dahinleben. Ein ganz wichtiger Schritt zu einem Leben mit mehr Lebensqualität heißt: *„Bewusster leben“*. Viele Menschen sind gedanklich oft in der Vergangenheit oder Zukunft und eher selten bewusst in der Gegenwart. Wer jedoch nicht bewusst lebt, wird nie seine Gewohnheiten und deren Auswirkungen erkennen.

Eine der besten Übungen ist, immer wieder aus der Alltagsroutine auszubrechen. Wie geht das? Bevor ich die Antwort dazu gebe, möchte ich eine kleine *Übung* mit Ihnen machen:

Ohne dass Sie vorher auf Ihre Uhr blicken, überlegen Sie bitte, ob die Zahlen auf dem Ziffernblatt durchgängig von 1 bis 12 sind, oder ob Sie auf Ihrer Uhr nur die Zahlen 12, 3, 6, und 9 haben, oder ob Sie überhaupt nur Striche haben. Welche Farbe hat das Ziffernblatt? Wie sehen die Zeiger genau aus? Was steht alles auf Ihrer Uhr, z.B. Automatic? Machen Sie sich Ihre Antworten bewusst und erst dann blicken Sie bitte auf Ihre Uhr. Wenn ich diese Übung mit Teilnehmern mache, dann erlebe ich, dass fast alle Schwierigkeiten haben, die Fragen richtig zu beantworten.

Wer bewusst lebt, nimmt viel mehr wahr und lebt doppelt so intensiv.

Diese Übung soll bewusst machen, dass man viele Dinge im Alltag einfach gewohnheitsmäßig anschaut und sich wenig Gedanken darüber macht. Das führt dann eben auch dazu, dass man verschiedenste Aufgaben immer wieder auf die gleiche Art und Weise macht, obwohl man dabei verschiedenste Dinge verbessern könnte.

Unterbrechen Sie täglich Ihren gewohnheitsmäßigen Ablauf und machen Sie eine 30-Sekunden-Pause, in der Sie Ihre Wahrnehmung auf sehr scharf stellen. Sehen Sie die Dinge immer wieder mit neuen Augen an. Machen Sie alles bewusst und verändern Sie immer wieder mal das eine oder andere in ihrem Tagesablauf. Stellen Sie sich zwischendurch die Frage: *„Warum mache ich das, was ich mache, gerade so, wie ich es mache?"*

Gerade in Gesprächen kommt es sehr leicht vor, dass man gedanklich abschweift. Versuchen Sie deshalb gerade in Gesprächen noch bewusster zu sehen, zu hören und wahrzunehmen. Es ist erstaunlich, wie diese einfache Maßnahme enorm helfen kann, Missverständnissen vorzubeugen und unser Verständnis zu verbessern.

Erfolgreiche Menschen und ihre Gewohnheiten Die Beobachtung von Menschen, die im Leben das erreichen, was sie sich vorgenommen haben, zeigt, dass diese Menschen wichtige Handlungen nicht nur manchmal, sondern immer wieder ausführen. Sie haben sich wichtige Eigenschaften zur Gewohnheit gemacht. Menschen, die in ihrem Leben schon einiges erreicht haben, wissen: Erfolg wird wie ein

Gebäude Stein um Stein aufgebaut. Jede Handlung in Richtung Ziel ist ein Baustein am zukünftigen Erfolg. Menschen, die etwas erreicht haben, haben es sich deshalb auch zur Gewohnheit gemacht, zielorientiert und ergebnisorientiert zu handeln und nicht nur tätigkeitsorientiert.

In meiner Vergangenheit habe ich verschiedenste Erfolgsstrategien ausprobiert und theoretisch habe ich enorm viel Wissen in meinem Kopf angesammelt. Je mehr ich wusste, umso mehr wollte ich diesbezüglich noch erfahren und so habe ich Hunderte von Büchern, Kassetten und Videos zu diesem Thema studiert. Ich hatte zwar schon vor über zehn Jahren schöne Erfolge. Gemessen an meinem Wissen hätte ich aber sicher dreimal so erfolgreich sein müssen. Dies wurde mir vor Jahren bewusst. Mir wurde klar, dass eine positive Eigenschaft nur wächst und gedeiht, wenn man sie regelmäßig hegt und pflegt.

Erfolgseigenschaften, die nicht zur Gewohnheit werden, werden bald wieder vernachlässigt und vergessen. Mit positiven Gewohnheiten sind wir für den Weg des Erfolges qualifiziert. Dazu gehört natürlich auch, dass wir unsere Minus, nach Wichtigkeit in Plus verwandeln.

Starke Gewohnheiten machen stark Da das „Bewusst-Sein" eine tägliche Übung für mich ist, ist mir irgendwann in der Vergangenheit klar geworden, warum negative Gewohnheiten auch Schwächen genannt werden. Mir wurde bewusst, dass meine negativen Gewohnheiten einen schwächenden Einfluss auf mein Leben hatten. Ich erkannte, dass gewisse Gewohnheiten richtige Fallstricke auf dem Weg zu meinen Zielen waren. Als ich vor über zweieinhalb Jahrzehnten die ersten Bücher über positives Denken las, wurde ich in meiner Begeisterung zum Vorsatzweltmeister.

Angezündet von der Begeisterung des konstruktiven Denkens hatte ich viele gute positive Vorsätze, aber statt sie umzusetzen, hatte ich immer wieder neue. Natürlich hatte ich zwischendurch auch gelegentlich einen Erfolgstreffer zu verzeichnen. Im Großen und Ganzen aber blieb es sehr oft bei den Vorsätzen und das Nichterfüllen von Vorsätzen wurde zur Gewohnheit. Dies stimmte mich natürlich nicht zufrieden und so las ich immer mehr und mehr Bücher und suchte nach den Geheimnissen von Glück und Erfolg.

Irgendwann wurde mir bewusst, dass die Nichteinhaltung von Vorsätzen eine Gewohnheit geworden war und je länger ich darüber nachdachte, wurde mir klar, dass diese Gewohnheit vollkommen genügte, um meine Ziele und Lebensträume niemals umsetzen zu können.

Das war eine schmerzhafte, aber höchst wichtige Erkenntnis. Ich erkannte, dass ich diese negative Gewohnheit durch eine positive ersetzen musste. Die neue Gewohnheit, die ich brauchte, hieß: *„Ich setze meine Vorsätze erfolgreich in die Tat um."* Mit Hilfe der Strategien, wie ich sie in diesem Buch vermitteln möchte, habe ich dann die neue Gewohnheit entwickelt und sie hat mir enorm geholfen, viele meiner Ziele in die Tat umzusetzen. *So simpel die Strategie klingen mag, mit dieser Eigenschaft steht oder fällt der persönliche Erfolg.* Menschen, die im Leben scheitern, scheitern im Prinzip immer an der mangelnden Umsetzung Ihrer Vorsätze.

Setzen Sie Ihre Vorsätze in die Tat um Wie würden Sie vorgehen, wenn Sie die Muskulatur Ihres Körpers trainieren möchten? Würden Sie gleich mit schweren Gewichten anfangen? Wohl kaum. So ist es am Anfang bei der Umsetzung von Vorsätzen auch viel sinnvoller, dass Sie sich kleinere Vorsätze fassen und diese regelmäßig erfolgreich umsetzen. In Gesprächen mit vielen Menschen wurde mir immer wieder klar, dass Menschen, die in der Umsetzung von kleinen Vorsätzen nicht verlässlich sind, es erst recht auch nicht bei großen sind. Natürlich gibt es dafür einen Gegenpol. Menschen, die regelmäßig kleinere Vorsätze umsetzen, setzen auch größere Vorsätze und Vorhaben erfolgreich in die Tat um. Das Einhalten von eigenen Vorsätzen bedeutet Verlässlichkeit sich selbst gegenüber. Wenn wir uns selbst gegenüber verlässlich sind, hat dies eine sehr positive Auswirkung auf unser Selbstwertgefühl.

Wie im Kleinen, so im Großen Was bedeutet das? Das, was wir jeden Tag und jede Woche im Kleinen machen, wächst schnell zu etwas Großem heran. Jemand verschiebt über Monate sein Fitnessprogramm: Hat dies im Laufe der Monate eine gravierende Auswirkung auf die Vitalität und Leistungsfähigkeit dieser Person? Umgekehrt: Obwohl jemand nicht sehr viel Freizeit hat, investiert er drei bis vier Mal wöchentlich in sein Fitnessprogramm. Wirkt sich dies innerhalb von drei bis vier Monaten aus? Wie könnte die Wirkung innerhalb eines Jahres aussehen? Das Kleine, welches ständig – Tag für Tag – wiederholt wird, erzeugt nach und nach eine beachtliche Wirkung.

Aufgabe

- Listen Sie zwei bis drei Gewohnheiten auf, die einen negativen Einfluss auf Ihren Erfolg haben.
- Listen Sie fünf bis acht gute Gewohnheiten auf, die einen positiven Einfluss auf Ihren Erfolg haben.

Die Komfortzone als Entwicklungsblockade Jeder Mensch hat seine Komfortzone. Unterschiedlich ist jedoch, wie stark sich Menschen durch ihre Komfortzone in ihrer Entwicklung blockieren lassen. Permanente Entwicklung findet natürlich niemals in, sondern nur außerhalb unserer Komfortzone statt.

Was ist die Komfortzone? Die Komfortzone ist der Bereich, wo uns alles bekannt vorkommt, in dem wir Übersicht haben, wo uns die Dinge relativ leicht fallen, wo wir über entsprechende Erfahrungen verfügen. Ein Grund, weshalb wir so gerne in dieser Komfortzone kleben, ist der, dass uns die Komfortzone ein Gefühl von Sicherheit vorgaukelt. Sicherheit fühlt sich natürlich gut an, denn sie ist das Gegenteil von Gefahr.

Ein anderer Grund, weshalb Menschen gerne in ihrer Komfortzone kleben, ist die altbekannte Bequemlichkeit. Sie leitet sich aus unserem Bedürfnis nach Entspannung und Erholung ab. Da viele Menschen Tag für Tag Leistungsdruck und den damit verbundenen Stress erleben, haben sie natürlich das Verlangen nach Entspannung. Unbewusst wird daraus oft Bequemlichkeit.

Alte Strickmuster bringen uns nicht weiter Da wir alle irgendwo bequem sind, benutzen wir Strickmuster, die sich in der Vergangenheit in unserem Leben bewährt haben immer und immer wieder. Auch dann noch, wenn sie sich längst nicht mehr bewähren.

Man hat das wöchentliche, gewohnte Standard-Fitnessprogramm, gestaltet die Wochenenden immer wieder ähnlich, nimmt immer wieder den gleichen Weg zum Arbeitsplatz, die meisten Abende gleichen einem wiederkehrenden Ritual, man hat in der Freizeit gewisse Lieblingsthemen wie Fußball, Geld oder Sex. Darüber hinaus besteht wenig Interesse an anderen Themen. Warum soll man sich auch nach einem arbeitsreichen stressbeladenen Tag noch anstrengen?

Die Komfortzone ist die Summe der Gewohnheiten, in denen wir leben. Je mehr ein Mensch in seinen Gewohnheiten lebt, umso mehr lebt er in der Komfortzone. Je mehr ein Mensch in der Komfortzone lebt, umso mehr lebt er in seinen Gewohnheiten. Es ist nicht selten so, dass verschiedene Strickmuster (Verhaltensweisen), die für uns in der Vergangenheit nützlich waren, jetzt sogar nachteilig wirken. Wenn jemand zu lange in der Komfortzone lebt, wird dieser Mensch unflexibel.

Erfolgreiche Menschen erweitern regelmäßig ihre Komfortzone. Nicht alle Verhaltensweisen, die Ihnen geholfen haben, die Erfolge zu erzielen, die Sie bisher erzielt haben, werden Ihnen helfen, zukünftige Erfolge zu erreichen. Erfolgreiche Menschen zeichnen sich durch ein hohes Maß an *Flexibilität* aus. Wenn sie merken, dass ihr Verhalten Sie nicht zum gewünschten Erfolg führt, verändern sie ihr Verhalten so lange, bis sie ihr gewünschtes Resultat erzielen.

Begeisterung verleiht Flügel

Wie weit ein Mensch in seinem Leben kommt, hängt stark davon ab, wie sehr sich dieser Mensch für seine Ziele, seine Aufgaben und sein Leben begeistern kann. Unter ähnlichen Voraussetzungen wird ein Mensch mit Begeisterung immer weiter kommen als ein Mensch, dem es an Begeisterung mangelt. *Harold Blake* schrieb: *„Manche Menschen sind ohne Lebensfreude und schleppen sich lustlos durch ihre tägliche Arbeit, gerade warm genug, um eben durchzukommen, aber nie wirklich brennend, um etwas Außerordentliches zu leisten. Es geschehen jedoch erstaunliche Dinge, wenn ein Mensch Feuer fängt und richtig zu brennen beginnt."*

„Ich habe viele Menschen jahrelang beobachtet und dabei immer wieder gesehen, dass diejenigen, die ihr Ziel erreichen, das vor allem ihrer Begeisterungsfähigkeit verdanken."

N.V. Peale

Mag sein, dass das Leben nicht nur leicht ist und nur angenehme Seiten hat. Eines steht jedoch sicher fest: bei mangelnder Begeisterung werden viele Aufgaben zu einer unangenehmen Last. Ist es jedoch nicht erstaunlich, was viele Menschen eine Woche vor ihrem ersehnten Urlaub noch alles leisten? Da gibt es oft noch viele Dinge aufzuarbeiten. Oft schafft man in der Woche vor dem Urlaub doppelt so viel wie sonst. Im Zustand der Begeisterung geht alles viel leichter von der Hand und die scheinbar unangenehmen und problematischen Aufgaben sind plötzlich kein Problem mehr. Der Mensch sollte sich nicht vor unangenehmen Aufgaben fürchten, sondern vor einer Stimmung, die so vieles als unangenehm erscheinen lässt.

Walt Whitman sagte von sich selbst: *„Mein Feuer mottete nur, bis mich R.W. Emerson eines Tages zum Brennen brachte."* Danach schrieb er Gedichte, die ihm großen Ruhm, Erfüllung und Anerkennung brachten.

Ein Mensch kann alles erreichen, wofür er sich begeistert.

Charles Schwab

Als ich vor fast 30 Jahren meine erste Indienreise machen wollte, war ich mit den Schutzimpfungen sehr spät dran. Leider hatte ich einige Tage vor meiner Indienreise Fieberschübe. Es sah so aus, als ob ich nicht mehr rechtzeitig für die Reise fit werden würde. Der Arzt machte mir wenig Hoffnung darauf, dass das Fieber noch rechtzeitig sinken würde. Das hätte bedeutet, dass ich zuhause hätte bleiben müssen. Zuerst war ich ziemlich enttäuscht, doch dann erinnerte ich mich an meinen langersehnten Traum, meine erste Indienreise. Halb im Fieber träumte ich von Indien und mit dem Träumen kam meine Begeisterung zurück. In diesem Zustand der Begeisterung sagte ich mir innerlich: „Ich schaffe es, ich werde die Reise machen." Acht Stunden vor der Abreise ging das Fieber endlich zurück und ich flog nach Indien. Durch Begeisterung schaffen wir oft das Unmögliche.

Nur kontrollierte Begeisterung ist positiv Grundsätzlich kann jede positive Emotion, wenn sie nicht kontrolliert wird, eine negative Wirkung erzielen. Die richtige Dosis ist auch hier entscheidend. Das, was als Begeisterung beginnt, kann ohne Kontrolle auch dazu führen, dass jemand fanatisch wird. In meiner Jugendzeit habe ich sehr begeistert Sport betrieben. Erst im Nachhinein musste ich erkennen, dass ich nicht nur begeistert, sondern immer wieder auch fanatisch war. Meine unkontrollierte Begeisterung ging so weit, dass ich meine Grenzen nicht mehr sehen wollte und diese willkürlich überschritt. Das führte regelmäßig dazu, dass ich mich im Sport unnötig in Gefahrensituationen begab und mir auch immer wieder Verletzungen zuzog. Gott sei Dank habe ich aus diesen Fehlern gelernt.

Unsere Begeisterung sollte auch nicht so weit gehen, dass wir anderen Menschen dadurch auf die Nerven gehen. Begeisterung trägt dann die größten Früchte, wenn wir sie mäßig, aber regelmäßig pflegen. Wenn wir mit unserer Begeisterung andere Menschen damit anstecken, können wir davon ausgehen, dass wir sie optimal dosiert haben. Während wir mit zu viel Begeisterung manchmal über das Ziel hinausschießen, können wir mit mangelnder Begeisterung nur wenig in unserem Leben erreichen. Ein Leben ohne Begeisterung ist ein armes Leben. Wenn wir eine lebensbejahende Einstellung pflegen, können wir im Grunde genommen nur begeistert sein.

Begeisterung weckt schöpferische Fähigkeiten Heutzutage geht es im Geschäftsleben oft hektisch zu und Aufgaben werden deshalb einfach so schnell wie möglich routinemäßig abgespult. Wer jedoch großteils seine Aufgaben gewohnheitsmäßig erledigt, nutzt sein kreatives Potenzial nur gering. Kinder sind viel öfter begeistert als erwachsene Menschen. Ich kann mich gut an viele schöne Kindheitserlebnisse von mir erinnern und wie kreativ wir als Kinder waren, wenn wir mit Begeisterung an eine Sache herangegangen sind.

Wenn die Begeisterung verloren geht, kommen meistens auch die guten Ideen abhanden, wie wir Aufgaben leichter, besser, entspannter und erfolgreicher erledigen könnten. Bringen wir jedoch regelmäßig unsere Begeisterung mit an den Arbeitsplatz, machen wir wunderbare Erfahrungen. Im Zustand der Begeisterung sind wir entspannter, kreativer, konzentrierter und erreichen in der gleichen Zeit deutlich mehr. Sind wir begeistert, sind wir auch wacher und aufnahmefähiger und unser Kontakt zu unseren Mitmenschen ist deutlich besser.

Immer wieder habe ich beobachtet, dass Menschen ohne Begeisterung, unabhängig von ihrem Alter, langweilig wirkten. Ich war hingegen immer wieder davon fasziniert, wie Menschen, die schon ein hohes Alter hatten, durch ihre Begeisterung zu hochinteressanten und mitreißenden Gesprächspartnern wurden. Ob ein Mensch auf uns anziehend wirkt oder nicht, hat weniger mit seinem Alter zu tun, sondern mit dem, was er ausdrückt und ausstrahlt.

Wenn jemandem die Begeisterung fehlt, erlahmt auch das Interesse an einer Sache. Im Zustand von Interesselosigkeit und mangelnder Begeisterung ist ein Mensch jedoch weder kreativ und lösungsbewusst. Mangelnde Begeisterung führt oft auch zu einem Zustand von Gleichgültigkeit. Ohne Begeisterung bricht jeder Ehrgeiz, eine Sache besonders gut zu machen, zusammen.

Die Masse ist normal – die Erfolgreichen sind außergewöhnlich Das Wort normal leitet sich ab von dem Wort Norm. Eine Norm wird durch bestimmte Regeln und Kennzahlen festgelegt, z.B. die DIN-Norm. Alles, was davon abweicht, entspricht nicht mehr der Norm. Die sogenannten normalen Menschen leben nach dem geistigen Standard und den Regeln der Masse. Die Masse bestimmt somit, was normal ist. Ihre Normen sind nichts anderes als die Komfortzone der Gesellschaft. Das Leben mit engen Regeln und Normen ist zwar bequem, aber sicher nicht erfüllend. Wer stark nach den geistigen Strickmustern der Masse lebt, wird sich extrem schwer tun, außergewöhnliche Leistungen zu erbringen.

Wenn Sie Ihre Begeisterung entfachen, werden Sie Abschied nehmen von der gähnenden Langeweile der Mittelmäßigkeit. Manchmal kann es auch ganz nett sein,

Noch nie wurde ohne Begeisterung etwas Großes geleistet.

R.W. Emerson

sich zwischendurch auszuruhen und eine schöpferische Pause zu machen. Das sollte in unserem Leben jedoch kein chronischer Zustand werden. Wenn Begeisterung zu Ihrem ständigen Begleiter im täglichen Leben wird, wollen Sie automatisch nicht mehr in der Mittelmäßigkeit kleben bleiben. Im Zustand der Begeisterung ist Ihr Geist beflügelt und Sie entwickeln den Drang, bisherige Grenzen zu überschreiten. Begeisterung wird Sie immer wieder antreiben, mit Freude an Ihren Zielen zu arbeiten. Während viele Menschen nur begeistert sind, wenn sie einen äußeren Anlass dafür haben, haben erfolgreiche Menschen die Fähigkeit entwickelt, sich selbst zu begeistern.

Begeisterung gibt Ihnen eine positive Ausstrahlung Kann man bei einem Menschen erkennen, ob er Sorgen hat und unglücklich ist? In den allermeisten Fällen sehen wir es einem Menschen an. Bei meinen Seminaren mache ich manchmal folgende Übung: Ich bitte einen freiwilligen Teilnehmer zu mir nach vorne zu kommen. Die Teilnehmer bitte ich, genau darauf zu achten, was dieser Teilnehmer während der Übung mit seinem Körper macht und wie sich sein Körperausdruck verändert. Ich sage dann zu ihm: „Schließ bitte deine Augen und geh in deiner Erinnerung zu einem Erlebnis zurück, welches dich sehr bedrückt hat. Gehe bildhaft und emotional jetzt intensiv in dieses Erlebnis.“ Meistens lasse ich den Teilnehmer nur 20 bis 30 Sekunden in diesem Erlebnis.

Dann bitte ich ihn, die Augen zu öffnen und nach ca. 20 Sekunden wieder zu schließen. Anschließend bitte ich den Teilnehmer, sich ein Erlebnis in Erinnerung zu rufen, bei welchem er sehr begeistert war. Ich sage ihm, er solle bildhaft und emotional in diese Erfahrung intensiv hineingehen. In der positiven Erfahrung lasse ich den Teilnehmer etwas länger, ca. eine Minute. Danach bitte ich ihn, die Augen wieder zu öffnen. Im Anschluss daran frage ich die anderen Teilnehmer, die genau zugesehen haben, welche Unterschiede ihnen aufgefallen sind.

Die körpersprachlichen Unterschiede im Zustand *„bedrückt"* bzw. *„begeistert"* sind jedes Mal klar erkennbar. Es ist immer wieder interessant zu beobachten, wie schnell Menschen ihre Mimik, Gestik und Körperhaltung verändern, wenn sie mental eine positive oder negative Erinnerung abrufen. Wenn sich jemand im Zustand *„bedrückt"* befindet kann man sehr gut beobachten, dass die betreffende Person den Kopf und die Schultern hängen lässt, der Gesichtsausdruck wird meistens sehr ernst bis hin zu einer versteinerten Mine. Im Zustand *„begeistert"* richtet sich die betreffende Person auf und das Gesicht beginnt zu strahlen. Die Brust wird weiter und die Atmung tiefer. Probieren Sie diese Übung einfach einmal mit Freunden aus und beobachten Sie genau den körpersprachlichen Unterschied.

Wofür soll diese Übung gut sein? Sie soll uns bewusst machen, dass unsere Wirkung auf andere Menschen entscheidend davon abhängt, was wir denken und was wir fühlen. Unsere Gedanken und Gefühle drücken sich immer durch unseren Körper aus. Wenn wir unsere Begeisterung regelmäßig pflegen, verbessert sich automatisch unsere Wirkung auf andere Menschen. Begeistern Sie sich für Ihr Leben, für andere Menschen und für Ihre Ziele und Ihre Ausstrahlung wird deutlich positiver. Begeisterung ist auch ein Elixier für Ihre Psyche.

Mit Begeisterung holen Sie das Beste aus sich heraus

Wie wollen wir im Leben Fortschritte machen und Erfolge feiern, wenn wir keine Ziele haben, für die wir uns begeistern können? Für mich gibt es eine passive und eine aktive Begeisterung. Worin liegt der Unterschied? Es gibt immer mehr Menschen, die sich nahezu täglich via Fernsehen – z.B. Talk-shows – begeistern lassen. Aufs Jahr gesehen, investieren sie in diese Form der passiven Begeisterung sehr viel Zeit. Das sind oft Menschen, die darüber jammern, dass das Leben sie benachteiligt. Menschen, denen es um Lebensqualität geht, lassen sich nur hin und wieder passiv vom Fernsehen berieseln. Sie haben Ziele, an denen sie regelmäßig begeistert arbeiten.

In dem Moment, in dem Sie sich Ziele setzen, die Sie wirklich motivieren, wecken Sie Ihre Begeisterung. Genau diese Begeisterung brauchen Sie wiederum, um ausdauernd an Ihren Zielen zu arbeiten. Mit der Kombination „Ziele plus Begeisterung“ werden Sie Erstaunliches in Ihrem Leben schaffen. Mit Zielen plus Begeisterung holen Sie das Beste aus sich heraus.

Fragen Sie sich regelmäßig, wie oft Sie die passive und wie oft die aktive Begeisterung pflegen. Wann haben Sie das letzte Mal Ihre Partnerin – Ihren Partner – mit einer originellen Idee begeistert? Wann haben Sie das letzte Mal begeistert an einem Ihrer Ziele gearbeitet? Was tun Sie regelmäßig, um sich in einen begeisterten Zustand zu bringen? Machen Sie sich regelmäßig bewusst, dass der Erfolg einem Menschen mit einem klaren Ziel und viel Begeisterung nicht widerstehen kann.

Lieber will ich zu Asche werden als zu Staub. Lieber soll mein Leben in einer hell lodernden Flamme verbrennen als in Fäulnis ersticken. Lieber möchte ich ein dem Untergang geweihter, aber strahlender Meteor sein, jedes Atom von leuchtendem Glanz, als ein ewig existierender, aber schlafender Planet. Unsere Aufgabe besteht nicht darin, zu existieren, sondern erfüllt zu leben, uns zu entwickeln.

Jack London

Visualisieren – der mentale Bauplan zum Erfolg

Stellen Sie sich bitte vor, dass Sie zuhause in Ihre Küche gehen und den Kühlschrank öffnen. Sie sehen im Kühlschrank eine wunderschöne, ausgereifte gelbe Zitrone liegen und nehmen diese heraus. Sie spüren in Ihrer linken oder rechten Hand die kalte Zitrone. Sie öffnen jetzt die Schublade, in der sich das Besteck befindet und nehmen ein scharfes Messer heraus. Sie legen die Zitrone auf den Tisch und schneiden diese in der Mitte durch. Jetzt nehmen Sie eine Hälfte der Zitrone und riechen zuerst daran. Nachdem Sie an der Zitronenhälfte gerochen haben, beißen Sie hinein und lassen den Zitronensaft noch etwas in Ihrem Mund, bevor Sie den Saft schlucken. Beißen Sie dann nochmals hinein und schlucken Sie den Saft.

Wie ist es Ihnen mit dieser Übung gegangen? Wie war die körperliche Reaktion aufgrund dieser reinen Vorstellung? Ist Ihnen das Wasser im Mund zusammengelaufen? Hat es Ihnen die Wangen etwas zusammengezogen? Hat es Sie geschüttelt bei dieser Vorstellung? Bis auf ganz wenige Ausnahmen zeigen sich aufgrund solcher mentalen Bilder stets entsprechende körperliche Reaktionen. Das zeigt, dass unser Gehirn nicht zwischen Vorstellung und Wirklichkeit unterscheiden kann. Alles, was wir uns innerlich in Form von Bildern, Tönen, Gerüchen und Gefühlen vorstellen, beeinflusst uns und unsere Verhaltensweise.

Die meisten Menschen haben wenig Kontrolle über ihre Vorstellungskraft. Wer seine Vorstellungskraft jedoch nicht bewusst kontrolliert, spielt unbewusst oft negative Bilder ab.

Wenn mir Kursteilnehmer von ihren Problemen erzählen, frage ich sie, ob sie einen Zusammenhang zwischen ihrer unerwünschten Lebenssituation und ihren Gedanken und Vorstellungen sehen.

Die meisten bestätigen, dass sie oft über Jahre negative Vorstellungen festgehalten hätten, bis diese schlussendlich eingetreten sind. Unbewusst haben sie ihre Vorstellungskraft zum eigenen Nachteil eingesetzt. Von erfolgreichen Menschen habe ich immer wieder gehört, dass sie sich lange, bevor ihr Erfolg im Äußeren in Erscheinung trat, mental immer wieder damit beschäftigt haben.

Wie unser Leben verläuft, hängt ganz entscheidend davon ab, wie wir unsere Vorstellungskraft einsetzen. Unsere Vorstellungskraft wird natürlich sehr stark durch unsere Mitmenschen und Medien beeinflusst. Es vergeht ja kaum ein Tag, an dem wir nicht mit negativen Schlagzeilen konfrontiert werden. Beeinflusst heißt aber nicht, dass – auch wenn wir am nächsten Tage nicht mehr bewusst an diese Nachrichten denken – diese keine Wirkung mehr auf unser Leben haben. Viele Botschaften haben eine Langzeitwirkung. Der bewusste positive Einsatz unserer Imagination ist für eine erfolgreiche Lebensgestaltung höchst wichtig.

Visualisieren – das bildhafte Denken Visualisieren bedeutet bildhaftes Denken. Ohne dass Sie sich dessen bewusst sind, visualisieren Sie Tag für Tag die verschiedensten Dinge. Wenn Sie vor der Entscheidung stehen in den Urlaub zu gehen, holen Sie wahrscheinlich in einem Reisebüro verschiedene Urlaubskataloge. Durch die schönen Aufnahmen in den Katalogen wird Ihre Vorstellungskraft und Phantasie angeregt. Bewusst und unbewusst werden Sie von diesen Bildern beeinflusst. Gedankenbilder rufen stets entsprechende Emotionen hervor.

Im Falle des Urlaubskataloges werden vor allem diejenigen Bilder den größten Einfluss auf Ihre Entscheidung haben, die bei Ihnen die stärksten Emotionen hervorrufen. Ob Sie sich nun etwas Zukünftiges oder etwas Vergangenes vorstellen, immer nutzen Sie dabei Ihre Fähigkeit des Visualisierens. Anfangs sagen Leute in den Trainings oft, dass sie nicht visualisieren könnten. Ich frage dann, wie sie es überhaupt anstellen würden, wenn sie nach dem Arbeitsende wieder nach Hause fahren, ihr Haus oder ihre Wohnung wiederzufinden. Die Antworten lauten dann meistens: „Ich kenne ja den Nachhauseweg und irgendwann sehe ich dann unser Haus, dann sehe ich, dass ich zuhause bin."

Das klingt ja eigentlich sehr logisch. Was die meisten dabei aber nicht bedenken, ist, dass wir, wenn wir den Nachhauseweg wählen, diesen stets mit unserer inneren Straßenkarte vergleichen. Wie würden wir überhaupt unser Haus wieder erkennen, wenn wir von unserem Haus nicht schon eine ganze Bildbibliothek angelegt hätten? Nur Dank dieser inneren Bilder können wir unser Haus überhaupt wieder finden. Damit uns dies überhaupt gelingt, müssen wir unsere Fähigkeit des Visualisierens nutzen. Wenn Sie beispielsweise nur die ganz banale Absicht haben, sich ein Bier aus dem Kühlschrank zu holen, müssen Sie sich diese Handlung vorstellen.

Unsere Imagination ist für unsere Lebensgestaltung ganz entscheidend. Neben der Kunst der Zielsetzung ist der bewusste positive Einsatz des Visualisierens eine ganz entscheidende Voraussetzung für den persönlichen und beruflichen Erfolg.

Beim Visualisieren werden neben dem Sehen auch das Hören, Fühlen, Riechen, Schmecken und Tasten eingesetzt. Unsere Imagination – Imago „das Bild“ – spielt jedoch eine ganz entscheidende Rolle. Es heißt nicht umsonst: *„Ein Bild sagt mehr als tausend Worte.“* Bildhafte Gedanken haben eine viel stärkere Wirkung als Worte. Ein Vortrag oder eine Verkaufspräsentation, bei der auch Bilder gezeigt werden, beeindrucken wesentlich intensiver, als wenn diese fehlen. Gerade erfolgreiche Redner und Verkäufer verstehen es bestens, sich einer bildhaften Sprache zu bedienen. Dadurch regen Sie den Zuhörer oder Kunden an, sich Dinge bildhaft vorzustellen. Durch die bildhafte Vorstellung werden wiederum Gefühle geweckt, die zum Handeln bewegen. Der krasse Gegensatz dazu sind sicher linkshirnlastige Dozenten, die ihre Vorlesungen trocken und langweilig mit vielen, vielen Worten ohne Bilder abhalten.

Ganz ehrlich: suchen Sie, wenn Sie ins Reisebüro gehen um Ihr nächstes Urlaubsziel festzulegen, nicht auch zuerst nach bildhaften Eindrücken? Angenommen, im Katalog sind zwei gleichwertige Angebote, das eine mit und das andere ohne Bilder. Für welches würden Sie sich wohl entscheiden? Ich denke, es würde Ihnen wie mir gehen. Bilder liefern uns eine Vielzahl von wichtigen Eindrücken, die für unsere Entscheidungen sehr wichtig sind. Auch wenn Sie im Voraus von Ihrem Urlaubsort träumen und was Sie dort alles machen werden – sind Sie bereits beim Visualisieren.

Visualisieren fördert eine positive Erwartungshaltung

Unser Gehirn und Nervensystem orientiert sich primär an unseren bildhaften Gedanken. Erfolgreiche Menschen nutzen ihre Vorstellungskraft gezielt positiv für die Verwirklichung ihrer Ziele, während Menschen, die mit sich und dem Leben unzufrieden sind, ihre Imagination negativ und unkontrolliert einsetzen. Aus diesem Grunde haben Gewinner auch stets positive Ziele, an denen sie sich Tag für Tag orientieren können.

Während die Verlierer oft über negative Umstände jammern, nutzen die Gewinner die Zeit und Energie, um an sich selbst zu arbeiten. Oft wollen Menschen zwar ihre Probleme lösen, ohne die dazu notwendige positive Korrektur an sich selbst vorzunehmen. Vor allem chronische Probleme haben immer mit unserer Persönlichkeit zu tun.

Sie können Ihre Erfolge wunderbar steigern, wenn Sie sich täglich geistig an Ihren Zielen orientieren, indem Sie diese regelmäßig visualisieren. Wenn Sie täglich mental Ihre Ziele durchspielen, werden Sie innerlich immer zuversichtlicher, diese Ziele auch zu erreichen. Sie bauen dadurch eine positive Erwartungshaltung in Bezug auf Ihre Zukunft auf. Viele Menschen haben Zukunftsängste, weil sie eine negative Erwartungshaltung haben. Unsere Gedanken sind höchst selten neutral, sie sind entweder positiv oder negativ. Da wir täglich von negativen Meldungen und Bildern bombardiert werden, ist es von größter Wichtigkeit, dass wir täglich unsere Vorstellungskraft gezielt positiv einsetzen. Dazu brauchen wir wiederum klare Ziele, die uns motivieren und begeistern.

Leider geht es sehr schnell, dass man sich mental unbewusst auf negative Dinge konzentriert. Gerne mache ich manchmal in meinen Trainings in die Mitte der Flipcharttafel auf ein großes weißes Blatt einen gut sichtbaren schwarzen Punkt. Ich frage dann die Teilnehmer, was sie sehen. Was glauben Sie, was die Leute reaktiv rufen? Richtig, „einen schwarzen Punkt." Es kommt leider nur selten vor, dass jemand ruft, „die große weiße Fläche rund um den schwarzen Punkt."

Was will ich mit diesem Beispiel ausdrücken? Dieses Beispiel zeigt uns, dass wir – wenn wir nicht regelmäßig positive Ziele visualisieren – die Tendenz haben, uns auf die schwarzen Punkte in unserem Leben zu konzentrieren. Die Dinge aber, auf die wir uns konzentrieren, ziehen wir unweigerlich an. Durch regelmäßiges Visualisieren erziehen wir uns dazu, großteils in positiven Gedankenbildern zu denken. Unsere Lebensenergie fließt sofort deutlich besser, wenn wir in positiven Gedankenbildern denken, während negative Vorstellungen unsere Energie blockieren.

Grenzen oder Chancen? Im Leben gibt es Grenzen und Chancen, beides existiert. Worauf wir uns jedoch Tag für Tag konzentrieren, macht den entscheidenden Unterschied aus. Während erfolglose Menschen ständig in Grenzen denken, denken erfolgreiche Menschen in Möglichkeiten. Warum kommt es wohl regelmäßig vor, dass Menschen jahrelang den gleichen Job haben, der sie sowieso nicht freut, in etwa das gleiche Einkommen, mit dem sie sowieso nicht zufrieden sind, die zu kleine Mietwohnung, die sie auch nicht zu einem berauschenden Lebensgefühl hinreißt, und jährlich ihren Urlaub auf dem Balkon verbringen?

Gibt eine solche Lebensweise einen klaren Hinweis darauf, dass diese Menschen ein zu geringes Potenzial für mehr Erfolg haben? Nein, überhaupt nicht, aber es gibt einen klaren Hinweis darauf, dass diese Menschen ihr Potenzial sehr schlecht nutzen. Menschen, die sich ständig auf Grenzen konzentrieren, können ihr Potenzial nicht gut nutzen. *Die meisten Grenzen, die Menschen erfahren, sind die Grenzen in ihrem Kopf.* Weil die meisten Grenzen im Kopf erzeugt werden, müssen sie auch zuerst dort überwunden werden.

Roger Bannister, der als erster Mensch die Meile unter vier Minuten lief, verdankte das nicht in erster Linie seinem körperlichen, sondern seinem mentalen Training. Dadurch, dass er sich regelmäßig mental vorstellte, die Meile unter vier Minuten zu laufen, gelang es ihm auch tatsächlich. Erfolgreiche Menschen bedienen sich regelmäßig des Visualisierens, um Grenzen oder Blockaden zu überwinden und den Erfolg vorzubereiten.

Michelangelo sah David bereits im Marmorblock

Der geniale Maler und Bildhauer *Michelangelo* wurde eines Tages von der sehr reichen Familie Medici beauftragt, eine einmalige Statue zu gestalten. *Michelangelo* nahm den Auftrag an und brauchte seine Zeit, bis der den Marmorblock fand, der ihm dafür geeignet schien. Er ließ diesen Marmorblock in sein Atelier bringen und begann dann mit der extrem aufwändigen Arbeit, die Statue *David* zu kreieren. Es dauerte allein zwei Jahre, um die groben Konturen zu schaffen. Zwei weitere Jahre benötigte er für die Feinarbeit, bis das Meisterwerk fertiggestellt war.

Die Statue wurde dann feierlich auf dem Stadtplatz vor den Augen der begeisterten Menge enthüllt. Die Leute waren von *„David“* völlig überwältigt. Interessierte Leute waren total neugierig, wie *Michelangelo* so ein fantastisches Werk vollbringen konnte. Sie fragten ihn, wie er aus dem Marmorblock so eine wunderbare Statue formen konnte. *Michelangelo* lächelte und sagte: *„Ich sah David von Anfang an in diesem Marmorblock. Dann musste ich in geduldiger Arbeit alles von diesem Block entfernen, was nicht zu David gehörte.“*

Michelangelo visualisierte, schon bevor er mit der Arbeit begann, *David* im Marmorblock. Es war klar, dass sich *Michelangelo* bei seiner Arbeit ständig das Bild von *David* vor Augen halten musste, um den Stein richtig zu bearbeiten. *Michelangelos* Imagination war der Schlüssel zum Erfolg.

What you see is what you get Das, was wir uns immer wieder bildhaft vorstellen, wird in unserem Leben zur selbsterfüllenden Prophezeiung. Die mentalen Bilder, die wir immer wieder in unserem Bewusstsein tragen, bestimmen, was wir in unserem Leben anziehen und realisieren. Das geistige Bild, das sich *Michelangelo* von *David* machte, war für ihn die mentale Matrix, an der er sich beständig während seiner Arbeit orientierte. Da sich unser Gehirn an unseren inneren Bildern orientiert, sollten wir solche bildhaften Gedanken pflegen, die uns stärker, fähiger und besser machen. Viele Menschen, die neidvoll auf andere blicken, die mehr erreicht haben als sie, suchen für sich Entschuldigungen, indem sie die anderen als begabter und intelligenter einstufen. Dass erfolgreiche Menschen ihr Potenzial besser nutzen als die anderen, steht sicher fest. Vor allem haben diese Menschen klare Ziele, die sie regelmäßig visualisieren.

Von vielen erfolgreichen Persönlichkeiten aus Sport, Wirtschaft, Kunst, Medizin, Wissenschaft und Politik ist bekannt, dass der Grundstein für das Gelingen ihrer Pläne eine leuchtende Erfolgsvision war. Die meisten von ihnen haben im Voraus eine klare Vorstellung davon gehabt, was sie erreichen wollten. Sie haben sich ihr Ziel immer wieder bildhaft vorgestellt. Für viele Manager, Spitzensportler oder Topverkäufer ist das regelmäßige Visualisieren längst zu einem fixen Bestandteil ihres Erfolgsprogramms geworden. In allen Bereichen, in denen regelmäßig Topleistungen erbracht werden sollen oder müssen, ist das mentale Üben und Programmieren von größter Bedeutung. Dass ein Spitzensportler körperlich optimal in Form sein muss, ist klar. Nach und nach wird Spitzensportlern und Trainern aber auch klar, dass sportliche Erfolge großteils im Kopf entschieden werden. Damit ein Profisportler Topleistungen erbringen kann, muss er parallel zu seinem körperlichen auch ein mentales Training praktizieren.

Da ich seit vielen Jahren auch Verkäufer aus den verschiedensten Branchen trainiere, weiß ich, dass es zwischen den Topverkäufern und Durchschnittsverkäufern vor allem im mentalen Bereich einen großen Unterschied gibt. Viele Topverkäufer nutzen das regelmäßige Visualisieren für die Erreichung ihrer Ziele. Mentale Trainingsbausteine sind in meinen Management- und Verkaufstrainings längst zu einem fixen Bestandteil geworden. Die regelmäßig, positive Resonanz zeigt mir, dass gerade im mentalen Bereich große Defizite vorhanden sind und deshalb auch die Bedürfnisse der Seminarteilnehmer diesbezüglich entsprechend groß sind.

Mentale Stärke entwickeln Wenn der Geist schwach ist, ist es auch der Körper. Den meisten Menschen ist bekannt, dass die Muskeln und der Körper erschlaffen, wenn sie nicht trainiert werden. Um im Sport an die Spitze zu gelangen, braucht es neben einem gut trainierten Körper auch mentale Stärke. Da ich auch mentale Erfolgsprogramme für Spitzensportler entwickelt habe, habe ich beruflich regelmäßig mit Athleten zu tun. Aus Interesse und aus analytischen Gründen beobachte ich regelmäßig verschiedenste sportliche Bewerbe.

Immer wieder konnte ich erleben, dass jene, die oft das ganze Jahr über hervorragende Leistungen erbrachten, plötzlich bei Bewerben wie Europa- oder Weltmeisterschaften weit unter ihren Möglichkeiten blieben. Es ist vor allem der psychische Leistungsdruck, der vielen Sportlern in entsprechenden Situationen zu schaffen macht. In solchen Drucksituationen kippt der emotionale Zustand gerne vom Positiven ins Negative. Statt für eine Topleistung ein notwendiges Risiko einzugehen, versucht man plötzlich, mögliche Fehler zu vermeiden. Statt Emotionen der Freude und Begeisterung machen sich plötzlich Zweifel und Unsicherheit breit.

Managern und Topverkäufern ergeht es oft nicht viel anders. Sobald jemand psychisch dem Leistungsdruck nicht mehr gewachsen ist, nimmt seine Leistungsfähigkeit rapide ab. Neben einem sehr guten Fachwissen und den entsprechenden Fertigkeiten braucht es heute gerade auch im Berufsleben mehr denn je mentale Stärke und Nehmerqualitäten. Damit wir das schaffen, müssen wir genauso mental trainieren, um psychisch belastbarer zu werden. So wie ein körperliches Training unsere Muskeln und unseren Kreislauf stärkt, baut mentales Training unsere Psyche auf.

Nicht nur Spitzensportler, Chirurgen und Weltklasseschachspieler haben den Wert der mentalen Vorbereitung auf wichtige Ereignisse erkannt. Indem wir wichtige Situationen im Voraus im Kopf positiv durchspielen, bereiten wir unser Gehirn und Nervensystem auf die aktuelle Situation vor. Vor allem bietet das mentale Üben die Möglichkeit, einen Ablauf so lange mental zu verbessern, bis man mit dem Ergebnis absolut zufrieden ist. Menschen, die sich auf wichtige Dinge nicht mental vorbereiten, erkennen dann oft erst in der Situation, dass ihre Vorbereitung mangelhaft war. Viele Manager, Verkäufer und Sportler glauben, dass sie eine Sache gut vorbereitet haben, indem sie die rationalen Aspekte durchgegangen sind. Wenn wir uns aber nur rational auf eine Situation vorbereiten, dann gehen wir sozusagen halbhirnig hinein. Gut kann eine Vorbereitung nur dann sein, wenn neben der rationalen auch die mentalen und emotionalen Aspekte berücksichtigt werden.

Angenommen, jemand sollte einen Vortrag abhalten. Er oder sie wird dann rational alle wichtigen Daten zusammenfassen und sich Gedanken über den Vortrag machen. Nehmen wir an, diese Person ist stundenlang daran gesessen, alle wichtigen Fakten zu studieren und in zwei Stunden beginnt der Vortrag. Denken Sie, dass der Erfolg des Vortrags, nachdem diese Person die Daten gewissenhaft vorbereitet hat, schon sichergestellt ist? Wenn Sie mit Nein geantwortet haben, liegen Sie absolut richtig. Wie oft habe ich erlebt, dass Leute sich mit großem Aufwand auf ein wichtiges Ereignis vorbereitet haben, und dann hat ihnen ihre Psyche einen Strich durch die Rechnung gemacht. Das beste Beispiel dafür sind wohl Spitzensportler. Immer wieder habe ich beobachtet, dass Topsportler trotz bester Vorbereitung bei Großereignissen gescheitert sind.

Nur zu sagen: *„Das waren die Nerven"* erklärt so gut wie gar nichts. Ich nenne es *„mangelnde mentale Stärke"*. Wie kann ich erwarten eine körperliche Topleistung zu bringen, wenn meine Muskelkraft und meine Kondition schwach sind? Überdurchschnittliche Leistungen – ob im Spitzensport oder Geschäftsleben – erfordern neben rationalen Fähigkeiten unbedingt mentale Stärke. Durch mentales Üben können wir uns psychisch auf wichtige Situationen optimal vorbereiten.

Da unser Gehirn und Nervensystem zwischen einem visualisierten und einem wirklichen Erlebnis nicht unterscheiden kann, können wir im Kopf den Erfolg im Voraus üben. Dadurch gewinnen wir an innerer Sicherheit, an Selbstvertrauen und entwickeln mentale Stärke.

Den Erfolg im Voraus erleben Bei einer Untersuchung wurde geprüft, welchen Einfluss das Visualisieren einer bestimmten sportlichen Leistung auf den Erfolg hat. Bei dieser Untersuchung wurden die Sportler in drei Gruppen eingeteilt.

Gruppe 1 musste 20 Tage täglich 20 Minuten Würfe mit einem Basketball in den Korb machen.

Gruppe 2 übte 20 Tage diese Würfe weder praktisch noch mental. Sie pausierte während dieser Zeit.

Gruppe 3 musste 20 Tage täglich die Würfe mit einem Basketball mental üben. Sie stellte sich dabei jedes Mal vor, wie der Ball erfolgreich im Korb landete.

Nach 20 Tagen wurden die Testergebnisse des ersten und letzten Tages verglichen. Die Testergebnisse zeigten, dass sich die erste Gruppe während dieser Zeit um 24 Prozent verbessert hatte. Die zweite Gruppe hatte sich um 0 Prozent verbessert. Die Forscher staunten, als sie feststellten, dass sich die dritte Gruppe, die nur mental geübt hatte, um 23 Prozent verbessert hatte.

Wenn man von der Erkenntnis amerikanischer Psychologen ausgeht, dass unser Gehirn zwischen einer Visualisierung – also einer rein mentalen Vorstellung von Bildern, Tönen, Gerüchen und kinästhetischen Eindrücken – und einem wirklichen Erlebnis nicht unterscheiden kann, hält sich das Erstaunen in Grenzen. Um den Erfolg innerlich vorzubereiten nutzen Astronauten, Spitzensportler, Chirurgen, Manager und Topverkäufer schon längst die Technik des Visualisierens.

Das Visualisieren ist für das Erreichen persönlicher Spitzenleistungen unverzichtbar geworden. Wir sollten uns immer wieder bewusst machen, dass unsere täglichen Handlungen von unserem Denken bestimmt werden. Durch mentale Bilder rufen wir ganz automatisch die assoziierenden Gefühle wach. Das bedeutet: Wenn Sie sich mental vorstellen, wie Sie eine Sache außergewöhnlich gut und erfolgreich erledigen, wecken Sie Gefühle von Selbstvertrauen, Mut, Selbstwertgefühl, Begeisterung, Motivation und Freude. Dadurch setzen Sie natürlich mentale, emotionale und körperliche Energie frei, die Ihnen hilft, bisherige Grenzen zu überschreiten.

Starkes Selbstvertrauen Ich frage Leute bei Beratungen hin und wieder, in welchen Lebensbereichen sie starkes und in welchen Bereichen sie eher ein schwaches Selbstvertrauen haben. Ich sage, sie sollten als Übung dann einen Bereich auswählen, in dem sie starkes, und einen, in dem sie ein eher schwaches Selbstvertrauen hätten. Ich bitte sie dann, sich beide Bereiche genau vorzustellen. Es kommt im Prinzip immer wieder das gleiche heraus. In den Bereichen, in welchen sie ein starkes Selbstvertrauen haben, sehen sie sich selbst oft um ein Vielfaches besser, stärker, fähiger und kompetenter als in einem Bereich, in welchem das Selbstvertrauen fehlt. In einem solchen Bereich sehen sie sich oft klein, unfähig, schwach, dumm und überhaupt nicht kompetent.

Nach verschiedenen Aufgaben und Übungen wird den Teilnehmern klar, dass das eigene Selbstvertrauen vor allem in den Bereichen stark ist, in dem man verschiedenste Erfolge verzeichnen kann. Wenn wir in einem Bereich auf verschiedene Erfolge zurückblicken können, dann entwickeln wir dadurch innere Sicherheit und Selbstvertrauen. Wenn ich Leute aus dem Bereich Sport oder Wirtschaft betreue, sehe ich immer wieder, dass oft sehr fähige Menschen durch einige Misserfolge vorübergehend ihr Selbstvertrauen verlieren. Das Problem ist aber, dass mit einem schwachen Selbstvertrauen wenig Chancen auf neue Erfolge bestehen. Gerade diese würde man ja brauchen, dass das Selbstvertrauen wieder aufgebaut wird.

Wenn wir Selbstvertrauen haben, sind wir uns innerlich sicher, dass wir einer Sache gewachsen sind und diese meistern. Wie stark Ihr Selbstvertrauen in den verschiedenen Lebensbereichen ist, hängt davon ab, welche Erfahrungen sie in diesen Bereichen bis dato gemacht und welche Bilder und Vorstellungen Sie gespeichert haben. Unsere Gehirndatenbank wird täglich mit neuen Eindrücken versorgt. Wenn Sie beispielsweise im Voraus mental mehrmals erfolgreich ein wichtiges Verkaufsgespräch durchgehen, wird dieses geistige Probehandeln einen absolut positiven Einfluss auf Ihr Selbstvertrauen haben. Ihr Gehirn wird diese bildhaften, hörbaren, fühlbaren Eindrücke genauso als Erfolge abspeichern. Da Ihr Gehirn im entsprechenden Moment auf Ihr Bild-, Ton-, Gefühls-, Geruchs- und Geschmacksarchiv zurückgreift, werden Sie sich in dieser Situation sehr ähnlich zu Ihrem geistigen Probehandeln verhalten. Wenn Sie mental Abläufe immer wieder erfolgreich einüben, schaffen Sie dadurch eine Brücke zu den Erfolgen, die Sie erzielen wollen.

Sie können Ihr Selbstvertrauen wunderbar stärken, wenn Sie im Nachhinein Erfolge nochmals mental durchgehen und diese erneut erleben. Gleichzeitig ist es eine sehr gute Übung für Ihre Vorstellungskraft, die Ihnen hilft, sich umso leichter zukünftige Erfolge vorzustellen. Gerade auch in Situationen, in denen das Selbstvertrauen etwas geschwächt ist, ist es sehr hilfreich, sich an einige wichtige persönliche und berufliche Höhepunkte und Topleistungen zu erinnern. Leider denkt man im Nachhinein nur noch selten an persönliche Erfolge.

Eine gute Übung ist, wenn man sich am Abend die Frage stellt: *„Was habe ich heute besonders gut gemacht?"* und sich zwei bis drei Erfolgserlebnisse des Tages nochmals mit allen Sinnesorganen vorstellt. Vielleicht denken Sie, dass man an gewissen Tagen ja auch gelegentlich den einen oder anderen Schnitzer gemacht hat. Dieser ist dann ja auch in unserem Gehirn gespeichert. Es ist sehr vorteilhaft, wenn wir Fehler, die wir gemacht haben, die wir aber auf keinen Fall wiederholen sollten, mental korrigieren. Wie geht das? Sie spielen dazu die entsprechende Szene so durch, wie wenn Sie die Sache in Ihrem Sinne richtig gemacht hätten. Dazu fragen Sie sich zuerst, bevor Sie die Übung machen: *„Wie hätte ich mich in dieser Situation verhalten, wenn ich sie erfolgreich gemeistert hätte?"* Sobald Sie Klarheit darüber haben, spielen Sie die gleiche Situation durch und sehen, wie Sie diese erfolgreich meistern.

Ein guter Plan, der diese Woche umgesetzt wird, ist besser als ein perfekter Plan, der nächste Woche umgesetzt wird.

General George Patton

Gerade Topverkäufer und Spitzensportler setzen diese mentale Korrektur immer wieder ein. Es ist ein großer Unterschied, ob Sie zu sich nach einem Fehler sagen: „Das nächste Mal passiert mir das nicht mehr" – welche Bilder haben Sie in diesem Moment im Kopf? –, oder ob Sie die gleiche Situation mental nochmals so durchspielen, wie dies in Ihrem Sinne gewesen wäre. Die Übung hilft jedem Menschen mit seinen Fehlern konstruktiv umzugehen, statt sich im Nachhinein noch tagelang Selbstvorwürfe zu machen. Selbstvorwürfe verändern die Situation nicht und führen höchstens dazu, dass man einen Fehler erneut wiederholt. Durch die nachträgliche positive Korrektur schaffen Sie eine gute Voraussetzung, dass Sie in ähnlichen Situationen erfolgreich handeln können.

Visualisierungstraining Beim Visualisieren lassen Sie gezielt positive Bilder vor Ihrem geistigen Auge ablaufen. Für das erfolgreiche Visualisieren ist es von größter Wichtigkeit, dass Sie *alle* Sinnesorgane mit einbeziehen, das heißt Sehen, Hören, Tasten, Riechen und Schmecken.

Visuell	Sehen, Bilder
Auditiv	Hören, Reden, Klingen
Kinästhetisch	Bewegen, Fühlen, Tasten
Olfaktorisch	Riechen, Duft
Gustatorisch	Schmecken

In meinen Trainings erlebe ich es immer wieder, dass Teilnehmer sich anfangs weder vergangene noch zukünftige Erlebnisse vorstellen können. Ich bitte dann diese Leute, sich z.B. ein Foto von einer vergangenen positiven Situation zu machen. Nachdem ihnen dies gelungen ist, bitte ich sie, dieses Foto langsam lebendig werden zu lassen. Nach zwei bis drei Übungseinheiten gelingt dies meistens ganz gut. Sofern Sie nicht schon Erfahrung mit dem Visualisieren haben, ist es sinnvoll, dass Sie zuerst mit einfachen Visualisierungsübungen beginnen. Es ist viel besser, sich anhand einfacher Übungen Erfolgserlebnisse zu verschaffen und erst dann zu anspruchsvolleren Übungen überzugehen.

Mit unserer Imagination – unserer bildhaften Vorstellung – ist es wie mit anderen Fähigkeiten: Übung führt zur Meisterschaft. Durch regelmäßiges Visualisieren wird unsere mentale Muskulatur trainiert. So, wie körperliches Training zu physischer Kraft führt, führt geistiges Training zu mentaler Stärke. Menschen, die ihre Wünsche und Ziele realisieren, haben diese ständig vor ihrem geistigen Auge. Sie stellen sich das, was sie erreichen wollen, immer wieder vor.

Eine sehr förderliche Übung kann sein, dass Sie am Wochenende nochmals mit geschlossenen Augen die wichtigsten positiven Höhepunkte und Erfolge der Woche durchgehen. Da die Eindrücke noch sehr jung sind, können Sie diese deutlich leichter wieder abrufen. Erleben Sie nochmals mental diese aufbauenden Erlebnisse der Woche, indem Sie diese Ereignisse nochmals in Bildern, Tönen und Gefühlen vorstellen.

Assoziiert oder dissoziiert visualisieren? Sie können den größten Nutzen aus den Visualisierungen ziehen, wenn Sie wissen, wann Sie etwas assoziiert oder dissoziiert durchspielen sollten.

Dissoziiert Wenn Sie sich beim Visualisieren extern sehen, sich also selbst zuschauen, wie Sie etwas tun, dann ist dies eine dissoziierte Darstellung. Sie sitzen sozusagen im Kino und sehen sich von außen. Wenn Sie sich selbst dissoziiert in einer Szene visualisieren, dann sind die Gefühle deutlich schwächer, als wenn Sie diese assoziiert durchspielen.

Machen Sie bitte folgende Übung, um den Unterschied von dissoziiert und assoziiert deutlich zu erleben. Visualisieren Sie mit geschlossenen Augen, wie Sie auf einem Felsvorsprung stehen und über hundert Meter in die Tiefe blicken. Sie schauen sich also selbst von einer sicheren Entfernung zu, wie Sie auf diesem Felsvorsprung stehen. Nehmen Sie ganz bewusst Ihre Emotionen wahr, während Sie sich von außen betrachten.

Assoziiert Wenn Sie eine Situation durch Ihre eigenen Augen erleben – Sie also mitten im Erlebnis sind – dann ist dies assoziiert.

Visualisieren Sie erneut die Situation, wie Sie auf dem Felsvorsprung stehen. Diesmal betrachten Sie sich aber nicht von außen, sondern sind mitten im Erlebnis. Sie sehen durch Ihre Augen wie es ist, wenn Sie auf diesem Felsvorsprung stehen und in die Tiefe blicken. Beobachten Sie währenddessen genau Ihre Emotionen.

In welcher der beiden Visualisierungen – dissoziiert und assoziiert – waren Ihre Gefühle intensiver? Höchstwahrscheinlich haben Sie bei diesen beiden Übungen erlebt, dass Ihre Gefühle deutlich intensiver waren, als Sie mitten in der Situation – also assoziiert – waren. Um erfolgreich zu visualisieren, ist es wichtig zu wissen, wann wir etwas assoziiert oder dissoziiert durchspielen sollten.

Wenn jemand am Abend nach Hause kommt und dem Partner ein berufliches Ereignis erzählt, über welches er sich geärgert hat, ist es entscheidend, ob er sich dissoziiert oder assoziiert daran erinnert. Wenn Sie am Abend assoziiert an ein unerfreuliches Erlebnis des Tages denken, durchleben Sie nahezu in der gleichen Intensität die negativen Emotionen, die Sie in der aktuellen Situation erlebt haben. Wenn Sie sich hingegen dissoziiert daran erinnern, sind die Gefühle deutlich abgeschwächt und Sie können dadurch mit dieser Erfahrung deutlich besser umgehen.

Gerade an Erlebnisse, die bei uns stark negative Emotionen hervorrufen, sollten wir uns nur dissoziiert erinnern. Es heißt, die Zeit heile alle Wunden und es zeigt sich, dass negative Ereignisse nach vielen Jahren emotional um ein Vielfaches schwächer geworden sind. Oft können Menschen erst nach Jahren über negative Erlebnisse sprechen, weil dann die negativen Gefühle stark nachgelassen haben. Menschen beginnen also ganz automatisch nach Jahren negative Lebenserfahrung zu dissoziieren.

Wenn man lernt schmerzhafte Erfahrungen willkürlich zu dissoziieren, kann man viel schneller den Abstand gewinnen, den man braucht, um diese Erfahrung zu verarbeiten. Menschen, die unbewusst den Fehler machen, sich an negative Erlebnisse assoziiert zu erinnern, brauchen viel länger, diese zu verarbeiten.

Verhalten positiv verändern Durch die vielen in meinem Beruf geführten Gespräche weiß ich, dass Menschen oft jahrelang brauchen, um unerwünschte Verhaltensmuster los zu werden. In den Köpfen vieler Menschen existiert die Vorstellung, dass eine unerwünschte Gewohnheit, die jahrelang existiert hat, lange Zeit zur Veränderung braucht. Als ich 1992 bei *Dr. Bandler* in San Francisco die NLP-Trainerausbildung gemacht habe, habe ich gelernt, wie schnell unser Gehirn lernt. In der Tat können Verhaltensmuster schon in kurzer Zeit positiv verändert werden – vorausgesetzt, man setzt die richtigen mentalen Strategien dafür ein.

Seit diesem Zeitpunkt habe ich immer wieder beobachten können, wie Menschen in kurzer Zeit blockierendes Verhalten positiv verändert haben. Ich glaube, dass allein die Vorstellung, dass sich ein Verhalten nur schwer oder höchstens über einen längeren, mühevollen Zeitraum verändern lässt, viele Menschen davon abhält, unerwünschte Verhaltensweisen zu verändern. Für den persönlichen Erfolg ist es aber wichtig, blockierende Verhaltensmuster durch förderliche zu ersetzen. Wenn Sie ein Verhalten positiv verändern wollen, kann Sie die untenstehende Übung optimal unterstützen.

Denken Sie bitte an ein Verhalten, welches Sie persönlich stört und das Sie durch ein förderliches Verhalten ersetzen wollen. Wichtig ist, dass Sie selbst Interesse daran haben, dieses Verhalten zu verändern. Suchen Sie nach der ursprünglich positiven Absicht dieses Verhaltens. Ich hatte z.B. die Gewohnheit, ständig spät in der Nacht schlafen zu gehen und am Morgen kam ich kaum aus den Federn. Das hat mich mit der Zeit immer mehr an mir selbst gestört. Ich erkannte für mich, dass diese Gewohnheit sehr nachteilig für mich war. Als ich nach der ursprünglich positiven Absicht suchte, wurde mir klar, dass ich den Tag strecken und dadurch Zeit für mich gewinnen hatte wollen. Mir war lange nicht bewusst, dass ich dafür am Morgen durch das späte Aufstehen mehr Zeit verlor, als mir das späte Schlafengehen brachte.

Vorstellungen sind Grenzen, die man prüfen und überschreiten muss.

John Lilly

Nach genauem Hinsehen werden auch Sie in dem unerwünschten Verhalten eine ursprünglich positive Absicht finden. Wenn Sie diese gefunden haben, können Sie sich Gedanken machen, welches neue Verhalten Sie anstelle des alten Verhaltens setzen wollen. Das neue Verhalten sollte die Möglichkeit bieten, die ursprünglich positive Absicht des alten Verhalten zu integrieren. Da für mich die ursprünglich positive Absicht war, den Tag zu strecken – Zeit haben für vieles – erkannte ich für mich, dass ich dies nur durch zeitiges Aufstehen erreichen konnte. Wählen Sie also ein neues Verhalten, welches Ihnen hilft, die ursprünglich gute Absicht auf eine positive Weise zu realisieren.

Übung

Neues Verhalten programmieren
Sie können diese Übung nicht nur für die Veränderung von unerwünschten Verhaltensweisen, sondern auch zur Verbesserung bereits vorhandener Verhaltensmuster nutzen.

1 Denken Sie jetzt bitte daran, wie Sie sich das neue Verhalten genau vorstellen.
Was werden Sie sehen, was werden Sie hören, was werden Sie fühlen, damit Sie wissen, dass dieses Verhalten Teil Ihrer Verhaltensweisen geworden ist?

2 Sobald Sie eine klare Vorstellung von Ihrem neuen Verhalten haben, stellen Sie sich bitte vor, dass Sie allein in einem Kino sitzen. Sie schauen sich einen Film an von einer Person, die so aussieht wie Sie. Sie sehen diese Person jetzt in einer Situation, in der das neue Verhalten zum Ausdruck kommt. Nur wenn Ihnen die Szene mit dem neuen Verhalten gefällt, gehen Sie zum zweiten Schritt über. Wenn Sie vielleicht noch das eine oder andere ändern wollen, spielen Sie Steven Spielberg und Sie lassen den Film so lange neu durchlaufen, bis Sie damit voll zufrieden sind. Dies gilt sowohl für die Bilder als auch die hörbaren, also auditiven Eindrücke.

Vielleicht wollen Sie das neue Verhalten mit einem bestimmten motivierenden Musikstück verbinden.

3 Wenn Sie so weit sind, dass Sie mit den Inhalten des Films zufrieden sind, lassen Sie diesen erneut ablaufen. Sobald der Film erneut läuft, steigen Sie direkt in den Film ein und spielen den Hauptdarsteller. Sie erleben jetzt in einem assoziierten Zustand das neue gewünschte Verhalten. Welche Gefühle werden durch Ihr neues Verhalten geweckt? Fühlt sich das neue Verhalten gut für Sie an? Wie wird Ihr neues Verhalten von Ihrer Familie, von Ihren Freunden und Arbeitskollegen aufgenommen? Wie ist die Reaktion dieser Leute auf ihr neues Verhalten? Ergeben sich eventuell durch das neue Verhalten irgendwelche Nachteile für Sie? Was müssten Sie im neuen Verhalten berücksichtigen, dass die Nachteile nicht auftreten? Müssen Sie das neue Verhalten dazu noch etwas abändern?

4 Es heißt richtig, kein Vorteil ohne Nachteil. Es ist wichtig, darauf zu achten, dass das neue Verhalten nur geringe Nachteile mit sich bringt und diese für Sie akzeptabel sind. Wenn sich das neue Verhalten für Sie gut anfühlt und Ihnen dadurch keine nennenswerten Nachteile, sondern primär die gewünschten Vorteile erwachsen, können Sie mit der Veränderungsarbeit fortsetzen.

5 Visualisieren Sie täglich drei Wochen lang das neue Verhalten. Je öfter Sie es visualisieren, umso leichter wird es dauerhaft verankert.

Übung führt zur Meisterschaft Oft schreibt man den überdurchschnittlich erfolgreichen Menschen ein außergewöhnliches Talent zu, was manchmal auch der Fall ist. Dabei wird aber gerne übersehen, dass beispielsweise viele große Talente im Sport auf der Strecke geblieben sind und nie den Erfolg erzielt haben, der ihrem Potenzial entsprochen hätte. Selbst ein überragendes Talent hat nur Erfolg, wenn es regelmäßig trainiert. Ohne regelmäßiges Training bleiben die größten Talente auf der Strecke.

Nur durch regelmäßiges Training haben wir die Chance, uns fortlaufend zu verbessern und über bisherige Leistungen hinauszuwachsen. Je mehr wir bei unseren Zielen *beide Gehirnhälften* einbeziehen, umso leichter können wir diese erreichen. Viele Menschen sind sehr linkshirnlastig und verlassen sich hauptsächlich auf ihre Logik. Dies ist natürlich darauf zurückzuführen, dass der Unterricht an Schulen großteils linkshirnorientiert ist. Das Thema Kreativität, Imagination, Visualisieren und Intuition scheint in Schulen nicht wichtig zu sein. Menschen gewöhnen sich deshalb schon in jungen Jahren an, viel mehr ihrer Logik zu vertrauen als ihren Gefühlen oder ihrer Intuition.

Gerade bei besonders kreativen und erfolgreichen Menschen wurde festgestellt, dass sie ihre rechte Gehirnhälfte viel besser nutzen als der Durchschnitt. Der sowjetische Schachweltmeister *Garri Kasparow* hatte beispielsweise Tausende von Schachzügen in seiner rechten Gehirnhälfte gespeichert. Für Höchstleistungen werden beide Gehirnhälften gebraucht.

Durch regelmäßiges Visualisieren trainieren Sie Ihre rechte Gehirnhälfte. Dadurch wird das Gleichgewicht zwischen linken und rechten Gehirnhälfte gefördert. Ihre Arbeitsfreude, Motivation und Kreativität nimmt dadurch zu. Sie werden staunen, um wie viel leichter Ihre kreativen Gedanken fließen, wenn Sie regelmäßig Ihre rechte Gehirnhälfte einsetzen.

Übung

Erfolgserlebnis

Schließen Sie Ihre Augen, entspannen Sie sich ganz bewusst und erinnern Sie sich an ein für Sie sehr wichtiges Erfolgserlebnis.

Welche Bilder sehen Sie in dieser Situation?
Was machen Sie in dieser Situation?
Was hören Sie in dieser Situation?
Was fühlen Sie in dieser Situation?
Welcher Sinneseindruck ist für Sie ganz besonders wichtig?
Welche Emotionen nehmen Sie wahr? (Liebe, Begeisterung, Dankbarkeit, Selbstvertrauen, Erfolgsfreude)
In welchem Körperteil nehmen Sie das Erfolgsgefühl besonders intensiv wahr?

Stellen Sie sich vor, wie sich nun dieses Erfolgsgefühl mehr und mehr in Ihrem Körper ausbreitet und nach und nach jede Körperregion davon durchdrungen wird. Genießen Sie in entspanntem Zustand dieses wunderbare Gefühl. Nachdem Sie das Gefühl ausgekostet haben, machen Sie einige tiefe Atemzüge, recken und strecken sich ganz entspannt und öffnen langsam Ihre Augen.

Diese Übung kann für Sie sehr nützlich sein, um Ihr Selbstvertrauen für eine wichtige, bevorstehende Aufgabe zu stärken (z.B. Vortrag, Präsentation, Prüfung, Kundengespräch).

Als nachfolgende Übung können Sie dann mental die neue Situation erfolgreich durchgehen. Es ist am Anfang viel leichter, ein bisheriges Erfolgserlebnis zu visualisieren, als eine bevorstehende Situation mental durchzuspielen. Indem Sie einen bisherigen Erfolg durchspielen, stimmen Sie sich mental-emotional optimal für die weitere Übung ein.

Übung & Aufgabe

Der ideale Arbeitstag

Wie können Sie dieses Jahr zu einem der erfolgreichsten machen? Um ein ganzes Jahr erfolgreich zu managen, muss man zuerst die Monate, Wochen und Tage erfolgreich gestalten.

Viele Leute sagen, wie schnell doch die Zeit vergehe. Statt die Zeit oft leer vergehen zu lassen, können wir sie bestmöglichst für das Erreichen unserer persönlichen und beruflichen Ziele nutzen. Zu Beginn des neuen Jahres wünscht man sich gegenseitig oft ein gesundes und erfolgreiches Jahr. Am Ende des Jahres kommt dann aber oft die Reue darüber, dass man die meisten guten Vorsätze nicht umgesetzt hat.

Im Prinzip können wir nicht ein Jahr managen, es sei denn, wir managen zuerst den Monat, die Woche und den Tag. Im Prinzip setzt sich ein glückliches und erfolgreiches Jahr aus vielen glück lichen und erfolgreichen Tagen zusammen. Wenn wir unser persönliches und berufliches Leben verbessern wollen, können wir nicht mit dem Monat beginnen. Mit einer Woche geht es schon deutlich leichter, mit einem Tag aber am leichtesten. Jeder Tag ist einmalig, bietet einmalige Chancen und kehrt nie mehr zurück. Misserfolg stellt sich dann ein, wenn sich viele erfolglose Tage summieren. Umgekehrt bietet uns jeder Tag eine Vielzahl an wunderbaren Möglichkeiten, einen positiven Einfluss auf unser Leben zu haben.

Wie viele Menschen kehren aber am Abend müde, ausgepowert und unzufrieden von ihrer Arbeit heim? Viele wissen genau, wie sie einen Tag nicht erleben wollen. Die wenigsten wissen aber, wie überhaupt ein idealer Arbeitstag aussehen soll. Wie wollen wir aber etwas umsetzen und aus bisherigen gewohnten Lebensmustern herauskommen, wenn wir keine geistige Matrix für den idealen Arbeitstag haben? Wann haben Sie das letzte Mal einen optimalen Arbeitstag erlebt, von dem Sie begeistert über ihre Arbeit nach Hause gekommen sind?

Schließen Sie die Augen und entspannen Sie sich. Erinnern Sie sich an Ihren letzten optimalen Arbeitstag. Gehen Sie mental alle wichtigen nochmals durch.

Was sehen Sie?
Was hören Sie?
Was fühlen Sie?
Welche Bilder sind besonders wichtig?
Welche auditiven Eindrücke sind besonders wichtig?
Welche Gefühle sind besonders wichtig?
Wodurch entstehen diese Gefühle?
Warum war dies ein optimaler Arbeitstag für Sie?

Wodurch haben Sie entscheidend dazu beigetragen, dass dies ein optimaler Arbeitstag war?
Was war für Sie das Wichtigste an diesem Tag?

Atmen Sie dann einige Male tief ein und aus. Recken und strecken Sie sich entspannt und öffnen Sie Ihre Augen.

Nehmen Sie bitte ein Blatt Papier und schreiben Sie alle wichtigen Kriterien für einen idealen Arbeitstag auf. Ergänzen und überarbeiten Sie das Blatt immer dann, wenn Ihnen wichtige Ergänzungen und Änderungen einfallen. Visualisieren Sie mindestens ein bis zwei Mal pro Woche Ihren idealen Arbeitstag. Dadurch geben Sie Ihrem Unterbewusstsein die Daten, die es braucht, um Sie bei der Umsetzung zu unterstützen. Wenn Sie diese Übung regelmäßig praktizieren, schaffen Sie dadurch eine wichtige Grundlage, um Ihre Arbeitstage zu optimieren. Sie werden staunen, welche Verbesserungen Sie dadurch in wenigen Wochen erzielen.

Da es für den langfristigen Erfolg von höchster Wichtigkeit ist, eine Balance zwischen Berufs- und Privatleben zu haben, können Sie diese Übung auch z.B. für die Gestaltung des idealen Feierabends einsetzen. Allzu gern wird auch die Gestaltung des Feierabends zu einer Gewohnheit. In vielen Fällen wird der Abend als Frei- und Erholungszeit nicht optimal genutzt.

Nur die klare Vorstellung, wie wir unsere Abende eigentlich optimal nutzen wollen, kann uns helfen, diese Vorstellungen auch umzusetzen. Ziele, die man nicht hat, kann und wird man auch nicht erreichen. Schreiben Sie auf ein Blatt Papier, wie Sie sich nach der Arbeit Ihre Abende vorstellen. Was ist Ihnen dabei besonders wichtig? Schreiben Sie alle wichtigen Kriterien auf.

Visualisieren Sie dann ein bis zwei Mal pro Woche Ihren idealen Feierabend. Sie werden dadurch ebenfalls erleben, wie Sie Ihre Abende – ihre Freizeit – deutlich besser und positiver nutzen. Natürlich können Sie dies ebenfalls mit Ihrem Wochenende machen. Das Schöne ist, dass Sie jederzeit Verbesserungen oder Änderungen in diese Übung einbauen können. Diese Übungen werden Sie wunderbar dabei unterstützen, ein optimales Gleichgewicht zwischen Berufs- und Privatleben zu haben.

Regeln des Visualisierens

- Entwickeln Sie die Gewohnheit, täglich Ihre Ziele, gewünschte Stärken oder positive Eigenschaften zu visualisieren.

- Damit Sie optimale Resultate erzielen, sollten Sie stets darauf achten, dass Sie nur in einem entspannten und positiven emotionalen Zustand visualisieren. Wenn Sie vor Ihrem Visualisierungstraining drei bis vier Minuten die Vollatmung praktizieren, erreichen Sie sofort einen tieferen Entspannungszustand. Durch die Vollatmung bauen Sie negative Energie ab und positive Energie auf, was einen sehr positiven Einfluss auf die Qualität Ihrer mentalen Übungen hat.

- Da der Einsatz von Willenskraft beim Visualisieren das gewünschte Ergebnis negativ beeinflusst, sollten Sie jegliches willentliche Forcieren vermeiden. Visualisieren Sie mit der Überzeugung, dass Sie das erreichen, was Sie anstreben.

- Haben Sie Geduld mit sich selbst. Sie haben auch nicht an einem Tag Fahrradfahren oder Autofahren gelernt. So ist es auch mit dem Visualisieren. Mit zunehmender Übung wird die Qualität Ihrer mentalen Filme immer besser. Wenn Sie täglich Ihr Visualisierungstraining machen, werden Sie über Ihre Fortschritte staunen.

- Das regelmäßige Visualisieren vergangener Erfolgserlebnisse bewirkt, dass diese positiven Erfahrungen mental-emotional verstärkt werden. Durch das Visualisieren vergangener Erfolge werden Sie zu neuen Taten und Erfolgen angespornt.

Wie gut wir unsere „Hardware“ – unser Gehirn – nutzen, hängt davon ab, mit welcher „Software“ – mentalen Programmen – wir arbeiten. Eine schwache „Software“ ermöglicht uns eine nur sehr begrenzte Nutzung unserer „Hardware“.

Stress positiv nutzen

Das Wort Stress gehört zu den am häufigsten gebrauchten Wörtern. Über das Thema Stress gibt es so viele Meinungen, wie es Menschen gibt. Stress ist subjektiv und Stresserlebnisse werden daher von jedem Menschen anders erlebt. Stressforscher Professor *Seyle* definiert Stress als unspezifische Reaktion auf einen Stressor. In Stresssituationen läuft bei uns ein altes Neandertalerprogramm, das sogenannte „Kampf-Fluchtprogramm" – ein Überlebensprogramm – ab. In Anbetracht einer drohenden Gefahr gab es für den Neandertaler nur zwei Möglichkeiten, nämlich Kampf oder Flucht. Zu dieser Zeit hatte Stress mit dem nackten Überleben in der Natur und ihren Gefahren zu tun. Stresssituationen hatten damals immer mit Leben oder Überleben zu tun. Stress ist so gesehen lebens- und überlebenswichtig. In Stresssituationen mobilisiert unser Körper enorme Kräfte und Energien, um uns für den Kampf oder die Flucht zu rüsten.

Stress und Erfolg

Wer überdurchschnittlich erfolgreich sein will, legt sich natürlich die Latte höher als der Durchschnitt. Was viele Menschen tun, kann zwar durchaus gut sein, da es aber viele machen, wird es als Standard gewertet. Dass jemand am Arbeitsplatz Standardleistungen erbringt, erwartet man sowieso. Mit durchschnittlichen Leistungen kann man weder jemanden begeistern noch darf man mehr erwarten als eine durchschnittliche Bezahlung.

Gefragt aber und bestens honoriert werden nur besondere Leistungen. Wer ein überdurchschnittliches Einkommen möchte, muss auch überdurchschnittliche Leistungen erbringen. Wer in einer Firma aufsteigen möchte, muss bereit sein, zusätzliche Verantwortung zu übernehmen. Das bedeutet im Normalfall auch mehr Aufgaben und längeres

Erfolg ist Seelenfrieden – das Ergebnis von Selbstzufriedenheit in dem Wissen darüber, dass man sein Bestes gegeben hat, um der Beste zu werden, der man je werden kann.

John Wooden

Arbeiten. Plötzlich summieren sich die vielen Aufgaben und alles sollte oft sofort erledigt werden. Der Termin- und Leistungsdruck erhöht sich dann meistens beständig. Menschen fühlen sich in solchen Situationen oft überfordert.

In dem Moment, in dem jemand in einer höheren Position anlangt, sind auch die Augen der Vorgesetzten vermehrt auf ihn gerichtet. Die Vorgesetzten haben dieser Person gegenüber eine entsprechende Erwartungshaltung. Sie heißt in der Regel: *„Wir erwarten uns, dass Sie ihre Aufgaben gut und erfolgreich ausführen."* Diese Erwartungshaltung erzeugt in der betreffenden Person meistens einen beachtlichen psychischen Druck. Oft gehen Leute dann Gedanken durch den Kopf wie:

„Hoffentlich schaffe ich es"
„Hoffentlich enttäusche ich den Chef nicht"
„Hoffentlich kommen nicht meine Schwachpunkte ans Tageslicht"
„Hoffentlich reicht mein Wissen aus, um diese Aufgaben zu meistern"
„Hoffentlich reicht mein Können aus, um in dieser Position erfolgreich zu sein."

Stressmanagement – ein entscheidender Faktor Das Streben nach mehr Erfolg bedeutet in der Regel oft auch mehr Stress, denn mehr Erfolg führt meistens über eine Steigerung der persönlichen Leistung. Vor allem der längerfristige Erfolg verlangt einen optimalen Einsatz der persönlichen Ressourcen. Dass Menschen sich bei ihrem Streben nach Erfolg oft total übernehmen, strapazieren und sich gesundheitlich ruinieren, höre ich in meiner Trainertätigkeit regelmäßig.

Stressmanagement ist sowohl für ein erfolgreiches Berufs- wie auch ein glückliches Privatleben unverzichtbar geworden. Stressmanagement versetzt uns in die Lage, gesundheitsgefährdenden Stress zu managen, denn eine Krankheit kann jemanden sehr schnell von der Karriereleiter herunterwerfen. Stressmanagement hilft uns, mit jeglichem Leistungsdruck besser umzugehen und gesundheitliche Belastungen zu minimieren. *Stressmanagement ist ein entscheidender Faktor, um langfristig leistungsstark und erfolgreich zu sein.* Da sowohl ein erfolgreiches als auch erfolgloses Leben immer mit Stress verbunden ist, ist Stressmanagement die einzige Möglichkeit, damit positiv umzugehen.

Negativer und positiver Stress Das Wort Stress verwende ich immer für *Dysstress* („*dys*" bedeutet „schlecht" und kommt aus dem griechischen), das ist der gesundheitsbelastende und oft krankmachende Stress. Ansonsten verwende ich noch den Begriff *Eustress* („*eu*" bedeutet „gut") für den positiven, d.h. motivierenden, vitalisierenden und stärkenden Stress.

Wer nach mehr Erfolg strebt, sollte frühzeitig lernen, Stress erfolgreich zu managen. Wer dies versäumt, gefährdet dadurch sowohl seine Gesundheit als auch seine Karriere. Der gesundheitliche Einbruch – der bei einem schlechten Stressmanagement droht –, hat schon mehr Menschen von der Erfolgsleiter geworfen, als das die meisten Menschen wahrhaben wollen.

Ein erfolgreiches Leben ohne Stress gibt es nicht. Natürlich gibt es einzelne erfolgreiche Menschen, die behaupten, dass sie Stress nicht kennen würden. Erstens kann sich dies von einem auf den anderen Tag schlagartig ändern und zweitens ist man natürlich – wenn man regelmäßig Erfolge hat – ein gutes Stück belastbarer.

Zum besseren Verständnis von *Eu-* und *Dysstress* hilft uns das *Biersche Gesetz.* Es wurde von einem Arzt namens *Bier* entdeckt. Dieses Gesetz lautet:

Leichte Reize regen an
Mittlere Reize stärken
Starke Reize schwächen
Stärkste Reize töten.

Ohne Reize würden unsere Lebensfunktionen mehr und mehr nachlassen und der Tod wäre nur eine Frage der Zeit. Reize, die wir fortlaufend über unsere Sinnesorgane *Sehen, Hören, Riechen, Schmecken* und *Tasten* wahrnehmen, stimulieren unsere Körperfunktionen.

Damit unsere Muskulatur gesund bleibt, braucht sie ein gewisses Pensum an Training, sonst verkümmert sie. Wollen wir unsere Muskulatur aber stärken, müssen wir die Reize verstärken, indem wir das Training intensivieren. Bei zu starkem Training jedoch wird die Muskulatur *sauer* und das Training hat genau den gegenteiligen Effekt. Statt dass eine Stärkung erreicht wird, tritt eine Schwächung ein.

Jeder Mensch braucht ein gewisses Maß an Belastungen, um in Form zu bleiben. Leichte und mittlere Reize gehören in die Rubrik *Eustress*, während starke und stärkste Reize in die Rubrik *Dysstress* gehören. Wenn wir regelmäßig Stress dosiert erleben, macht uns dieser sogar fähiger und stärker. Bei Stress kommt es entscheidend auf die Dosis an und wie wir ihn erleben. Eine Bergtour, die für einen trainierten Bergsportler ein lockeres Training ist, bringt eine untrainierte Person an den Rand eines Herzinfarkts. Deshalb ist Stress immer die unspezifische Reaktion auf einen Reiz (Stressor). Wie ein Reiz – in diesem Falle die Bergtour – auf uns wirkt, hängt natürlich entscheidend davon ab, in welcher geistigen, emotionalen und körperlichen Verfassung wir uns befinden.

Negativer Stress belastet die Gesundheit *Dysstress* ist für verschiedenste Leiden, vorzeitigen Alterungsprozess und viele Krankheiten verantwortlich. Laut Studien der Weltgesundheitsorganisation WHO ist bei zirka 80% aller Krankheiten Stress ein entscheidender Auslöser. Langanhaltender Stress kann die verschiedensten Krankheiten wie Herzinfarkt, Arterienverkalkung, Magengeschwüre, Krebs, Bluthochdruck, Rückenbeschwerden und Durchblutungsstörungen verursachen. *Dysstress* führt vorübergehend zu einer Schwächung des Immunsystems. Wenn auf den Stress eine entsprechende Entspannung und Erholung folgt, arbeitet das Immunsystem bald wieder normal. Dauerstress führt jedoch meistens zu einer deutlichen Schwächung des Immunsystems. Ist das Immunsystem erst einmal geschwächt, werden dadurch Tür und Tor für verschiedenste Krankheiten geöffnet.

Stressoren als Auslöser Druck von außen kann eine negative oder positive Wirkung haben. Wie wir mit Druck umgehen, hängt davon ab, wie wir uns selbst und die Situation einschätzen. Unsere wahre Einstellung und unsere wahren Fähigkeiten zeigen sich speziell, wenn wir unter Druck stehen. Wenn Sie sich selbst beobachten, wie Sie sich in Stresssituationen verhalten, können Sie sehr viel über sich selbst lernen.

Wenn es einem gut geht und kein Druck vorhanden ist, ist es leicht in einem positiven Zustand zu sein. In Stresssituationen besteht meistens die Tendenz, dass Menschen die Kontrolle über ihre Gefühle und Reaktionen verlieren. Das, was viele Menschen als Stress definieren, wie Leistungsdruck, Misserfolg, Lärm, Ärger, Konflikte mit Mitmenschen, ist in Wirklichkeit nicht Stress im eigentlichen Sinne, sondern es handelt sich dabei um Stressoren. Stressoren sind die Auslöser für Stress, während Stress immer unsere Reaktion auf Stressoren ist. Jeder Mensch reagiert auf Stressoren anders. Wie wir reagieren, wenn wir mit Stressoren konfrontiert werden, hängt von unseren Überzeugungen, Glaubenshaltungen und Gewohnheiten ab und wie wir uns in der Vergangenheit in ähnlichen Situationen verhalten haben. Unsere Reaktion hängt weiters davon ab, in welchem Zustand wir uns gerade befinden.

Obwohl es inzwischen viele Jahre her ist, erinnere ich mich noch gut an die Zeit, in der ich noch keinen Bedarf an einem Selbst- und Zeitmanagement hatte. Zeitdruck als Stressor war deshalb ein regelmäßiger Begleiter von mir. Stress – das war meine regelmäßige Reaktion in diesen Situationen. Wie habe ich in solchen Situationen meistens reagiert? So wie die meisten anderen Menschen auch. Da ich das Gefühl hatte, ich würde nicht alles schaffen, was ich zu tun hatte, erhöhte ich regelmäßig das Arbeitstempo in der Hoffnung, doch alles zu schaffen. Die bittere Realität war aber, dass ich Hektik auslöste, weniger leistete, mehr Fehler machte und dass in Folge meine Motivation immer wieder in die Demotivation abrutschte. Dass diese wiederkehrenden Situationen nicht gerade einen förderlichen Einfluss auf meine Gesundheit und mein Wohlbefinden hatten, ist klar. Ich musste noch eine Zeit lang mit den negativen Folgen dieses Stressors leben, bis ich erkannte, dass nur ein gezieltes Selbst- und Stressmanagement aus der negativen Spirale herausführen würde.

Ich habe mich dann intensiv mit der Thematik Selbst- und Stressmanagement auseinandergesetzt. Bei meinen Recherchen wurde mir klar, dass fast alle Menschen, die regelmäßig Topleistungen erbringen müssen, regelmäßig mit Stressoren und Stress konfrontiert werden. Längerfristige Spitzenleistungen werden nur von denen erbracht, die lernen, mit ihren Stressoren erfolgreich umzugehen. Es sind gerade die ständig wiederkehrenden Stressoren, die für chronische Stresszustände sorgen. Ein wesentlicher Schritt, um Stress zu managen besteht darin, die wichtigsten wiederkehrenden Stressoren zu erkennen. Indem Sie sich die fünf wiederkehrenden Stressoren mit der negativsten Auswirkung bewusst machen, machen Sie den ersten Schritt, um diese zu eliminieren oder zumindest zu entschärfen. Denken Sie darüber nach, welche Stressoren bei Ihnen intensive Stressreaktionen auslösen, und notieren Sie diese.

Aufgabe

Bitte schreiben Sie auf, welche drei wiederkehrenden Stressoren bei Ihnen am stärksten *Dysstress* auslösen und Ihre Gesundheit am meisten belasten?

Stressor	Lösungsmöglichkeiten
1	
2	
3	

Schreiben Sie dann in das rechte Feld in Stichworten Maßnahmen auf, die Ihnen helfen können diese Stressoren deutlich zu entschärfen. Wenn Sie regelmäßig kleine Schritte zur Entschärfung Ihrer Stressoren umsetzen, werden Sie staunen, wie Ihre Stressbelastungen ab- und Ihre Energie, Gesundheit und Tatkraft zunehmen. Gleichzeitig hat diese entscheidende Stressmanagement-Maßnahme einen enormen psychologischen Wert. Plötzlich sehen Sie sich nicht mehr wie so viele Menschen als Opfer von Stress, sondern gewinnen Kontrolle über verschiedenste Stressoren.

Sie lernen dadurch immer besser, Stresssituationen vorzubeugen oder zu entschärfen. Sie lernen dadurch auch die Ursachen für Stresssituationen in Ihrem Leben zu erkennen. Wenn Sie die Ursachen erkennen, können Sie diese auch erfolgreich beheben.

Gefällt Ihnen Ihre Arbeit? Das Wort Beruf kommt von Berufung. Leider gibt es immer mehr Menschen, die einen Job statt eines Berufes haben und die mit ihrer beruflichen Tätigkeit unzufrieden sind. Der Mensch verbringt einen großen Teil seines Lebens am Arbeitsplatz. Wer eine berufliche Tätigkeit ausführt, die ihm keine Freude macht, trübt seine Lebensfreude, belastet seine Gesundheit und blockiert seinen Erfolg. Tag für Tag eine Arbeit auszuführen, die man nicht mag, gehört zu den gesundheitsbelastendsten Faktoren. Deshalb ist für Menschen, die ihre Arbeit nicht mögen, der Arbeitsbeginn nach einem Wochenende immer ein kritischer Moment.

An Montagen gibt es die meisten Arbeitsunfälle und werden die meisten Fehler am Arbeitsplatz produziert. An Montagen sterben die meisten Menschen und gibt es die meisten Selbstmorde. Forscher sehen darin keinen Zufall, sondern sie sehen darin einen Zusammenhang, dass viele Menschen mit ihrer Arbeit unzufrieden sind. Wer mit seiner Arbeit aber unzufrieden ist, lebt unter Dauerstress.

Der Mensch ist ein Gewohnheitstier und so haben sich Menschen einfach daran gewöhnt täglich acht oder mehr Stunden Aufgaben zu verrichten, für welche sie überhaupt nicht motiviert sind. Das einzige, was in diesem Falle noch motiviert, ist das monatliche Gehalt und die Aussicht auf die Pension. Deshalb träumen oft schon Menschen im Alter von 40 Jahren davon, was sie in der Pension alles machen werden. Wenn ich mit solchen Menschen spreche, haben diese oft viele Begründungen wie: *„Nicht jeder kann seinen Traumberuf haben; ich habe wenigstens eine Arbeit, es gibt viele, die keine haben; in meinem Alter habe ich doch keine Chance mehr; die Firmen wollen jüngere Leute;*

wer weiß, ob es an einem anderen Arbeitsplatz wirklich besser ist; ich möchte in meinem Alter kein Risiko mehr eingehen, schließlich muss ich ja meine Wohnung abbezahlen; vor zehn Jahren hätte ich noch die Kraft zur Veränderung gehabt, jetzt ist es zu spät; es fehlt mir einfach die entsprechende Ausbildung."

Tun Sie eine Arbeit, die Sie begeistert Persönliche Gewohnheiten und das eigene Sicherheitsdenken lassen viele Menschen an einem Job festkleben, der vielleicht gutes Einkommen, aber oft keine oder nur geringe Erfüllung bringt. Da wir mindestens die Hälfte unserer Wachzeit am Arbeitsplatz verbringen, sollten wir unbedingt eine Arbeit haben, die uns begeistert und erfüllt. Die vorher angeführten Ausreden werden in der Regel zur selbsterfüllenden Prophezeiung. Wer sich gedanklich selbst den Weg für eine positive berufliche Veränderung verbaut, muss sich nicht wundern, wenn es nicht klappt. Schon der Gründer der Fordwerke, *Henry Ford,* hat festgestellt: *„Ob ein Mensch denkt, er kann etwas, oder ob ein Mensch denkt, er kann etwas nicht, er wird immer Recht haben."*

Es ist selten zu früh und oft nicht zu spät, das zu tun, was man beruflich mit Begeisterung tun will. Am Anfang stehen natürlich die richtige Einstellung und die Überzeugung: *„Wo ein Wille, da ist auch ein Weg"*. Im Englischen gibt es eine Aussage, die lautet: *„When the why is big enough, the how is no problem."* Wenn das *Warum* – also unser Motiv, unser Beweggrund – groß genug ist, dann ist das *Wie* kein Problem. Eine berufliche Veränderung kann vor allem anfangs durchaus schwierig sein, das bedeutet aber noch lange nicht, dass sie unmöglich ist.

Ist es nicht so, dass die Zeit verfliegt, wenn wir etwas machen, was uns Spaß macht, und wenn wir etwas machen, was uns nicht gefällt, Stunden zu Tagen werden? Einer Arbeit nachzugehen, welche uns nicht begeistert, gehört sicher zu den größten Belastungs- und somit Stressfaktoren überhaupt. Wer kommt wohl am Abend griesgrämig zu seiner Familie nach Hause? Die Antwort dürfte klar sein: Wenn der Beruf keinen Spaß macht, bringt man schlechte Leistungen und die Erfolge bleiben aus. Den Misserfolgsfrust tragen die meisten dann via Gasthaus nach Hause. Damit schaffen diese Menschen aber einen sehr gewichtigen Stressor, der manchmal Ursache für Dauerstress im Privatleben ist.

Wie gerne üben Sie Ihre berufliche Tätigkeit aus? Gehen Sie regelmäßig mit Freude zur Arbeit? Wenn Sie weitgehend mit Ihrer beruflichen Tätigkeit zufrieden sind, kann ich Ihnen nur gratulieren. Wenn nicht, wäre jetzt eine Chance, dies in naher Zukunft zu tun. Auch wenn Sie in Ihrem Beruf aufgehen, gibt es immer Dinge, die Sie optimieren können, um die Qualität Ihres Berufsalltags zu verbessern. Es heißt nicht umsonst: *„Wer aufhört besser zu werden, hört auf gut zu sein.“*

Durch regelmäßige Entspannung die Belastbarkeit steigern

Ist es nicht so, dass uns da und dort genervte und gereizte Menschen begegnen? Wie stark Menschen gereizt und gestresst sind, erkennt man oft im Straßenverkehr. Haben Sie ehrlich gesagt das Gefühl, dass die meisten Verkehrsteilnehmer zu den Hauptverkehrszeiten zuvorkommend, höflich und freundlich sind? Ich selbst habe nicht diesen Eindruck. Gereizte Menschen sind überreizt und in Folge gestresst und nicht mehr belastbar.

In meinen Trainings bestätigen die Teilnehmer immer wieder, dass sie nach einem erholsamen Urlaub wesentlich belastbarer sind. Da bis zum nächsten Urlaub meistens wieder ein Jahr vergeht, ist es wichtig, regelmäßig dafür zu sorgen, dass das eigene Wohlbefinden hoch ist. Im Kapitel „Gesundheit“ werde ich dafür verschiedene Möglichkeiten aufzeigen (siehe Seite 198 ff).

Warum ist man nach einem erholsamen Urlaub belastbarer? Die verschiedensten Erklärungen, wie *„der Tapetenwechsel, das schöne Meer, andere Menschen, gutes Essen, schöne Eindrücke“* weisen auf eines hin, nämlich auf Entspannung. All die genannten Faktoren tragen zur Entspannung und somit zur Regeneration und Erholung bei. Es ist somit völlig klar, warum wir nach einem Urlaub, der genügend Entspannungsfaktoren hatte, wieder viel belastbarer sind.

Im Verhältnis zu den vielen Stressoren reichen ein bis zweimal Urlaub pro Jahr für die meisten Menschen nicht aus, dass sie bis zum nächsten Urlaub belastbar bleiben. Für unser seelisches, geistiges und körperliches Gleichgewicht brauchen wir regelmäßig Entspannung. Spannung muss regelmäßig durch Entspannung ausgeglichen werden, ansonsten geht das innere Gleichgewicht verloren. Machen Sie deshalb täglich etwas Urlaub, Ihre Gesundheit wird es Ihnen danken.

Den Bogen nicht überspannen Warum wir den Bogen nicht überspannen sollten, macht uns die nachfolgende Geschichte, die über den *Apostel Paulus* erzählt wird, bewusst. Als der *Apostel Paulus* eines Tages von einem befreundeten Jäger besucht wird, ist dieser damit beschäftigt mit einem gezähmten Rebhuhn zu spielen. Er war sehr darüber erstaunt, den vielbeschäftigten *Apostel Paulus* mit einem Rebhuhn spielen zu sehen. Der Jäger sagte dann zu ihm: *„Paulus, warum spielst du mitten unter dem Tag mit einem Rebhuhn, da du doch sicher eine Menge an Aufgaben zu erledigen hast?“*

Statt eine Antwort zu geben, blickte *Apostel Paulus* den Jäger an. *Paulus* sah, dass der Jäger seinen Bogen dabei hatte und dieser entspannt war. *Paulus* frägt seinen Freund: *„Warum hast du deinen Bogen entspannt?“* Daraufhin erklärt der Jäger ganz fachmännisch: „Weißt du, das hat einen guten Grund. Wenn der Bogen ständig gespannt ist, verliert dieser sehr schnell seine Spannkraft. Wenn ich aber den Bogen immer, wenn ich ihn nicht brauche, entspanne, behält er dadurch sehr lange seine Spannkraft.“ Der *Apostel Paulus* bedankte sich für die Antwort und sagte: *„Siehst du, so wie die regelmäßige Entspannung dafür sorgt, dass die Spannkraft des Bogens möglichst lange erhalten bleibt, trägt das Spielen mit dem Rebhuhn zur Erhaltung meiner Spannkraft bei.“*

Ich bin vor vielen Jahren bei meinen Recherchen auf diese Geschichte gestoßen. Sie hat mir sehr stark bewusst gemacht, wie entscheidend regelmäßige Entspannungsübungen für den Abbau von *Dysstress* und die Erhaltung unserer Spannkraft und Gesundheit sind. Durch regelmäßige Entspannungsübungen fühlen wir uns in jeder Hinsicht besser, stärken unsere Gesundheit und beeinflussen unsere Leistungsfähigkeit sehr positiv.

Weniger Stress durch Hatha-Yoga Als Kind und Jugendlicher hatte ich extrem starke Stressoren, die mich in einen chronischen Stresszustand gebracht haben. Der Dauerstress wirkte sich auf meinen Gesundheitszustand sehr negativ aus. Da ich mich in meiner Haut nicht wohl fühlte, sah diese lange Zeit furchtbar aus. Alle Salben, Tinkturen, Schälkuren, Bestrahlungen, die mein Gesicht völlig ruiniert hätten, Medikamente und die manchmal oberflächlichen Kommentare von Ärzten brachten keine Lösung. Dasselbe war mit meinen extremen Herzrhythmusstörungen sowie mit meinen Gehirndurchblutungsstörungen, ich rannte von Arzt zu Arzt und war auch in einer Universitätsklinik. Dort sagte man mir nach mehreren Untersuchungen, dass ich ein Leben lang Medikamente nehmen müsse. Jetzt fühlte ich mich, im Alter von 13 Jahren, wirklich krank.

Mit 15 Jahren begann ich wieder verzweifelt Hilfe zu suchen. Da mir kein Medikament half, wandte ich mich der Naturheilkunde zu. Mit 17 Jahren stieß ich auf den Namen Yoga und wurde davon völlig in den Bann gezogen. Ich hatte das brennende Verlangen, etwas über diesen Begriff zu erfahren. Ein Freund besorgte mir ein Buch mit dem Titel *„Ein neues Leben durch Yoga“* von *Indra Devi.* Dieses Buch war für meine kranke Seele und meinen kranken Körper ein wirklicher Lichtblick. Durch das mehrfache Lesen dieses Buches wurde mir plötzlich klar, dass meine gesundheitlichen Probleme Symptome waren, die eine Ursache hatten. Oft sehen sich Menschen als kranke Opfer und erkennen nicht, dass sie ihren Teil dazu beigetragen haben. Durch das Yogabuch schöpfte ich starke Hoffnung, meine Gesundheit zurückzugewinnen. Das Buch gab mir einen solchen Motivationskick, dass ich meine erste Teilnahme an einem Yogakurs gar nicht erwarten konnte.

Durch den Yogakurs wurde ich in die Lehre des Hatha-Yoga eingeführt, eine Wissenschaft, die mehr als dreitausend Jahre zurückreicht und ihren Ursprung in Indien hat. Hatha-Yoga ist die Lehre für ganzheitliche Gesundheit und geistige Entfaltung. Im Hatha-Yoga werden verschiedenste *Asanas* (Körperstellungen) in Verbindung mit der richtigen Atmung und Entspannung gemacht, die in jeder Hinsicht einzigartig sind. Nach einigen Wochen Yogakurs und dem Umsetzen der Übungen zuhause fühlte ich mich seelisch, geistig und auch körperlich deutlich besser. Ich hatte das Gefühl, in wenigen Wochen einen enormen seelischen Ballast abgeladen zu haben. Es war für mich ein sagenhaft befreiendes Gefühl und ich wusste intuitiv, dass ich den Weg aus der Sackgasse der Krankheiten gefunden hatte. Ich kann gar nicht schildern, wie gut ich mich plötzlich im Gegensatz zu dem Leben davor fühlte. So war es fast wie eine Art Gelübde, dass ich den Vorsatz fasste, dem Yogaweg ein Leben lang treu zu bleiben.

Um die Story abzukürzen: Ich besuchte Yogakurs um Yogakurs und schließlich brannte ich darauf, nach Indien, in das Mutterland des Yoga, zu kommen. Dort absolvierte ich meine Yogalehrerausbildung. Seit 1981 habe ich den verschiedensten Menschen aus verschiedensten Berufen Hatha-Yoga vermittelt. Immer wieder konnte ich die gleiche Beobachtung machen: Alle, die nicht nur passiv, sondern aktiv an den Kursen teilnahmen, erlebten eine ganz beachtliche Verbesserung ihres geistigen, seelischen und körperlichen Wohlbefindens und ihrer Gesundheit.

Yoga – Balsam für die Seele Die Yogaübungen werden fließend, entspannt und bewusst gemacht. Alle Muskeln, die nicht unbedingt angespannt werden müssen, bleiben entspannt. Von der Ausgangsstellung geht man mit koordinierter Atmung in die Endstellung und hält diese mit fließender Atmung je nach Übung 20, 30 oder mehr Sekunden. Es gibt auch Übungen, die mehrere Minuten gehalten werden. Jede Übung wird sehr bewusst und konzentriert gemacht. Während man eine *Asana* ausführt, ist man im ganzen Körper gegenwärtig. Da die richtige Atmung im Hatha-Yoga eine zentrale Rolle spielt, wird bei jeder Übung genau auf eine optimale Atmung geachtet.

Nach jeder Übung folgt eine Entspannungsphase. In dieser Entspannungsphase lässt man die Wirkung einer Übung zur Entfaltung kommen. Nach jeder Übung wird die Durchblutung und die Sauerstoffversorgung des Körpers angeregt. Die Yogaübungen sind so vielseitig, dass dadurch die Flexibilität des Körpers optimal gefördert und alle Muskeln trainiert werden. Die Übungen haben eine tonisierende Wirkung auf die inneren Organe und stärken das Immunsystem. Durch die Yogaübungen wird der gesamte Körper harmonisiert und vitalisiert. Die Übungen wirken immer ganzheitlich, das heißt auf Körper, Geist und Seele. Ein Großteil unserer Erkrankungen ist psychosomatisch, was bedeutet, dass psychische Störungen die Ursache sind. Permanenter *Dysstress* ist eine der Hauptursachen für psychosomatische Erkrankungen.

Da Hatha-Yoga mit den einzigartigen, vitalisierenden Übungen eine wunderbar entspannende, stressabbauende und harmonisierende Wirkung hat, trägt es entscheidend zur Vorbeugung psychosomatischer Erkrankungen bei. Jeder Mensch hat ein schützendes Energiefeld um sich, welches Aura genannt wird. Die Aura eines Menschen – die feinstoffliche energetische Schutzhülle des Körpers – kann durch die *Kirlianfotografie,* die vom russischen Forscher Kirlian entwickelt wurde, sichtbar gemacht werden. Menschen, die krank sind, haben ausnahmslos eine schwache Aura. Bei schweren Erkrankungen sind sogar *Löcher* in der Aura sichtbar. Es ist für unsere Gesundheit ganz entscheidend, dass unsere Aura stark ist, denn nur so haben wir einen guten Schutz gegen negative Einflüsse von außen.

Durch die *Kirlianfotografie* konnte mehrfach nachgewiesen werden, dass durch das Üben von Yoga der ganze Körper vitalisiert und die Aura gestärkt wird. Bei einer Untersuchung teilte man Personen in drei Gruppen ein:

Gymnastikgruppe
Sportgruppe
Yogagruppe

Das Ziel war, dass alle drei Gruppen eine Stunde trainierten. Durch die Untersuchung wollte man herausfinden, welchen Einfluss das Training auf die Lebensenergie hat. Vor Beginn des Trainings wurde mittels *Kirlianfotografie* die Aura der Gruppenmitglieder gemessen. Dann ließ man die Leute eine Stunde üben und trainieren. Nach dem einstündigen Programm wurde von allen Gruppenmitgliedern erneut eine *Kirlianfotografie* gemacht. Das Resultat war beeindruckend. Während bei der Gymnastik- und Sportgruppe keinerlei Veränderung der Aura sichtbar war, war die Yogagruppe die einzige, die eine Veränderung aufwies. Bei den Leuten der Yogagruppe wurde festgestellt, dass die Aura stärker war als eine Stunde zuvor.

Um es in anderen Worten zu sagen, bei der Sport- und Gymnastikgruppe war durch das einstündige Üben keine Zunahme der Lebenskraft feststellbar. Bei der Yogagruppe wurde jedoch klar eine Zunahme der Lebensenergie festgestellt. Dank der Kirlianfotografie konnte endlich bestätigt werden, was Yogameister schon lange erkannt haben. Das Üben von Hatha-Yoga vitalisiert den ganzen Körper und steigert die persönliche Lebensenergie. Wichtig ist natürlich, dass man Hatha-Yoga bei einem sehr kompetenten Lehrer lernt. Yoga sollte unter gar keinen Umständen aus Büchern gelernt werden, da es viele mögliche Fehlerquellen gibt und somit unerwünschte Wirkungen zustande kommen können.

Ein sehr erfahrener Lehrer hilft seinen Schülern Fehler zu vermeiden und die Übungen Schritt für Schritt richtig zu lernen. Wenn Sie einen Yogakurs buchen, sollten Sie sich zuvor unbedingt über die Kompetenz des Lehrers erkundigen, da es leider auch im Yoga schlechte Lehrer gibt.

Hatha-Yoga kann auch Ihnen helfen, Stress gezielt zu managen, Ihr Wohlbefinden, Ihre Vitalität und Leistungsfähigkeit zu verbessern. Ich habe mich in fast drei Jahrzehnten mit den verschiedensten Entspannungsmethoden, mit Meditationen und mit Mentaltraining befasst. Etwas Besseres, um Stress abzubauen und die eigene Vitalität und Leistungsfähigkeit zu verbessern als Hatha-Yoga gibt es nicht. Hatha-Yoga kann auch ein Segen für Ihre Gesundheit und für Ihren persönlichen Erfolg von großer Bedeutung sein.

Harmonisierung durch Entspannung Durch regelmäßige Entspannung schaffen wir einen sehr wichtigen Gegenpol zu den Stressbelastungen des Berufsalltags. Die meisten Menschen sind während und oft auch noch nach ihrer Arbeit angespannt, verspannt, verkrampft, nervös, hektisch und ruhelos. Deshalb ist Entspannung für viele Menschen ein Fremdwort und ich sehe immer wieder, dass sich viele schwer tun, sich mit der Entspannung anzufreunden. Durch chronische Hektik und Anspannung wird zuerst das vegetative Nervensystem betroffen.

Wenn jemand einmal in diesem Kreislauf ist, ist es auch nicht verwunderlich, dass er abends nach Geschäftsschluss nicht abschalten kann und nicht zur Ruhe kommt. Dass dieser Zustand unweigerlich zu Schlafschwierigkeiten und Schlafstörungen führt, ist klar. So entsteht nach und nach ein negativer Kreislauf. So weit sollte man es erst gar nicht kommen lassen. Regelmäßige Entspannungsübungen sind für die harmonische Funktion unseres vegetativen Nervensystems unentbehrlich. Durch ein gezieltes Entspannungstraining entwickeln wir die oft notwendige Gelassenheit im Berufsalltag. Menschen, die sich regelmäßig gezielt entspannen, leben deutlich gesünder und arbeiten auch kreativer. Die Geschichte des *Apostels Paulus* mit dem Bogen und dem Rebhuhn war für mich lange Zeit ein wichtiger Aufhänger um mir die Bedeutung der Entspannung bewusst zu machen.

Humor beugt Stress vor Heute ist auch wissenschaftlich bewiesen, dass durch Humor im Körper Endorphine produziert werden, die die Stresshormone in unserem Körper dahinschmelzen lassen. Endorphine machen uns glücklich, es sind sogenannte Glücksbotenstoffe. Es steht heute außer Zweifel, dass Lachen und Humor sehr gesund sind. In den USA werden Clowns schon seit vielen Jahren regelmäßig in Krankenhäuser geholt, um die Patienten zum Lachen zu bringen. Untersuchungen zeigen, dass Patienten durch die sogenannte Lachtherapie deutlich schneller gesunden. Mittlerweile gibt es auch in Österreich Klinik-Clowns. Wenn wir humorvoll sind, betrachten wir die Welt von der heiteren Seite und nehmen die Dinge wesentlich gelassener.

Wenn wir lachen, produziert unser Körper verschiedenste gesundheitsförderliche Hormone. Es gibt Experten, die behaupten, dass fünf Minuten herzhaftes Lachen für die Gesundheit so viel bringt wie eine Stunde joggen. Interessant ist, dass die Menschen nach dem Zweiten Weltkrieg, als es wirtschaftlich und dadurch materiell für viele schlecht ausgesehen hat, viel mehr gelacht haben als heute. Obwohl es heute den meisten Menschen bei uns materiell besser geht, haben viele von ihnen anscheinend den Humor und das Lachen verlernt. Ich habe auch schon Personen in meinem Bekanntenkreis angesprochen, die sozusagen meistens staubtrocken waren und äußerst selten einen Lacher zustande brachten.

Alle sagten das gleiche: „Ich bin halt so". Irgendwann haben sich diese Leute in ihrem Leben das mentale Etikett auf ihre Stirne geklebt: „Ich habe mit Humor nichts am Hut" oder „Ich bin nun halt mal nicht lustig". Für solche Menschen ist ein ordentliches Lachen in der Öffentlichkeit sittenwidrig, vor allem, wenn es länger als einige Minuten dauert.

Es ist sicher so, dass der eine Mensch von Haus aus eher humorvoll ist als ein anderer. Humor hat aber im Wesentlichen mit unserer Einstellung zu tun und ist für mich eine wertvolle Eigenschaft. Es gab auch in meinem Leben Phasen, in denen es schien, als ob ich meinen Humor verloren hätte. Als ich wieder die Bereitschaft, zu lachen hatte – auch über mich selbst –, wusste ich, dass es innerlich mit mir aufwärts ging. Humor muss genauso gepflegt und kultiviert werden wie andere Eigenschaften. Das gelingt sicher nicht mit der Einstellung *„Ich bin nun halt mal nicht lustig"*. Ich habe gesehen, wie nahezu aussichtslos trockene humorlose Bürger zu humorvollen Menschen wurden, nachdem sie ihre Einstellung positiv verändert hatten. Optimistische Menschen sind im allgemeinen deutlich humorvoller als Pessimisten. Der Pessimist findet immer ein Haar in der Suppe und sieht überall Probleme, wo oft gar keine sind.

Echter Humor ist ein klares Zeichen, dass wir uns wohl fühlen. In dem Moment, in dem ich nicht in gewohnter Weise humorvoll bin, weiß ich, dass mich etwas bedrückt. Durch die Beobachtung unserer Gefühle bekommen wir ständig Botschaften, um notwendige sinnvolle Veränderungen durchzuführen. In einer Familie, in der die Familienmitglieder regelmäßig miteinander lachen, ist Harmonie vorhanden. In Familien, in welchen nicht mehr oder nur noch selten miteinander gelacht wird, stimmt beziehungsmäßig einiges nicht. Abteilungen in Firmen, in denen es humorvoll zugeht, arbeiten deutlich kreativer und erfolgreicher. Manche Chefs sehen lachende Angestellte als nicht ausgelastet oder unproduktiv, eine veraltete Ansicht.

Das Gegenteil ist der Fall, denn Humor ebnet uns den Weg zum kreativen Denken und Handeln. In einer sehr erfolgreichen Firma in den USA gehen die Mitarbeiter einer Abteilung zusammen in den Fitnessraum und spielen lachend und mit viel Spaß Basketball, während sie sich über ein Projekt unterhalten. Heute weiß man längst, dass das außerordentlich lange Sitzen in Meetings selten zu gewünschten Ergebnissen führt. Wenn in Firmen gelacht wird, ist das ein Zeichen, dass das Betriebsklima gut ist. Leider ist Mobbing in vielen Firmen kein Fremdwort mehr, sondern greift immer mehr um sich. Ich bin überzeugt, dass, wenn Mitarbeiter in Firmen wieder ihren Humor mehr pflegen und Führungskräfte erkennen würden, wie wichtig dies ist, erstaunlich positive Veränderungen stattfinden könnten. Wann sind Sie das letzte Mal nach Hause gekommen und haben ihrem Partner etwas Lustiges vom Berufsalltag erzählt?

Wie oft kommt es vor, dass Sie sich am Abend an lustige Szenen des Berufsalltags erinnern? Vielleicht sagen Sie jetzt: *„In unserer Firma geht das nicht“*. Zugegeben, am einfachsten wärs, wenn wir bei der Firma *Lustig* beschäftigt wären. Ich selbst glaube jedoch daran, dass wir nicht zuerst die Firma verändern sollten oder die Abteilung, sondern uns selbst. Wenn wir uns ändern, verändert sich die Welt für uns. Humor wirkt Stress entgegen, fördert unsere Kreativität und Leistungsfähigkeit, macht uns gelassener, toleranter, menschlicher, anziehender, gesünder und positiver.

Positiv agieren statt negativ reagieren Wir werden in unserem Leben regelmäßig mit Stressoren konfrontiert, das ist eine Tatsache. Stressmanagement bedeutet nicht, dass wir jetzt allen Stressoren ausweichen wollen. Natürlich ist es möglich, gewisse Stressoren zu eliminieren. Was aber sollen wir mit den Stressoren machen, die wir nicht eliminieren können?

Grundsätzlich ist es so, dass die meisten Menschen auf Stressoren negativ reagieren. Das regelmäßige negative Reagieren auf Stressoren wird nach einer gewissen Zeit zur Gewohnheit. Dies verläuft nach dem Prinzip Reiz-Reaktion, was bedeutet, dass auf jeden Reiz eine Reaktion erfolgt. Durch die Gewohnheit, auf Stressoren automatisch negativ zu reagieren, entwickelt sich in vielen Menschen die Überzeugung, dass man auf Stressoren nur negativ reagieren kann. Solche Menschen entwickeln in Bezug auf Stressoren eine gewisse Hilflosigkeit und sind für Lösungsmöglichkeiten blind geworden.

Grundsätzlich kann ich jeden wiederkehrenden Stressor als eine Aufforderung verstehen, in meinem Leben etwas positiv zu verändern. Statt z.B. über Zeitstress zu jammern, kann ich ein Seminar über Zeitmanagement besuchen und dort neue, hilfreiche Strategien lernen. Wann, ehrlich gesagt, nimmt sich ein berufstätiger Mensch Zeit, um sich zwei Tage intensiv mit dem so wichtigen Thema wie Zeitmanagement auseinander zu setzen? Viele Menschen jammern regelmäßig über den Stress, den sie am Arbeitsplatz haben.

Von hundert Jammernden besuchen aber nur zwei Personen ein Stressmanagement-Seminar. Ist es nicht völlig logisch, dass ein kranker Mensch zum Arzt geht? Wenn jemand in einem Stressmanagement-Seminar wichtige Methoden zum Stressabbau lernt, kann er damit einen wichtigen Schutz für seine Gesundheit erreichen. Warum besuchen aber nur zwei von hundert Personen ein solches Training? Jammern mag im Moment zwar bequemer und leichter sein wie z.B. zwei Tage Weiterbildung. Wir werden aber nur durch positive Aktionen in unserem Leben etwas erfolgreich verändern können.

Jeder Mensch wird regelmäßig mit Stressoren konfrontiert, nur erfolgreiche Menschen lernen jedoch, mit ihnen positiv umzugehen. Selbst ich, wo ich doch mit diesen Themen jahraus, jahrein beschäftigt bin, reagiere genauso in gewissen Situationen noch falsch. Anfänglich habe ich mir Vorwürfe deswegen gemacht, bis ich mir das Sprichwort *„Nobody is perfect“* bewusst gemacht habe. Es wurde mir klar, dass ich versuchte perfekt zu sein. Dadurch blockierte ich mich aber fortlaufend selbst und war selbst mit guten Ergebnissen nicht wirklich zufrieden.

Heute ist mir klar: Perfektion ist zwar in der Technik wichtig, als Mensch perfekt zu sein ist aber ein Ziel, an dem alle scheitern. Ich habe mich mit dem Hang zum Perfektionismus jahrelang selbst gestresst. Jetzt weiß ich, entscheidend ist, dass wir Fehler als menschlich betrachten und gleichzeitig danach trachten, als Mensch regelmäßig zu wachsen. Dadurch habe ich auch gelernt, bei Rückschlägen wesentlich ruhiger und positiver zu reagieren.

Gesundheit als Voraussetzung für Glück und Erfolg

Jeder Bergsteiger weiß, dass er neben einer guten allgemeinen Vorbereitung in einer hervorragenden Verfassung sein muss, wenn er einen schwierigen Berg besteigen will. Eine schlechte körperliche Verfassung könnte nicht nur sein Unternehmen über den Haufen werfen, sondern sogar sein Leben gefährden. Jedes Ziel, welches Sie in Ihrem Leben realisieren wollen, können Sie mit einem Berggipfel vergleichen. Für jedes Ziel brauchen Sie Energie, eine starke Gesundheit und Belastbarkeit. Nur mit einer hervorragenden Gesundheit sind auf Dauer optimale Leistungen möglich. Fitness und Gesundheit sind Grundpfeiler für Ihren Erfolg und Ihre Lebensqualität.

Wenn Sie immer wieder gute Leistungen erbringen, kostet dies natürlich Energie. Verbrauchte Energie muss aber wieder ersetzt werden. Wer mehr Energie verbraucht, als er wieder auftankt, erlebt nach gewisser Zeit ein entsprechendes Energiedefizit. Dieses zeigt sich in Symptomen wie ständige Müdigkeit, Lustlosigkeit, Unzufriedenheit, Konzentrationsstörungen, Schlafstörungen.

Erfolg ja, aber nicht um jeden Preis Erfolg auf Kosten anderer Menschen, auf Kosten der Natur, auf Kosten der Gesundheit? Es gibt genügend nach außen hin erfolgreiche Menschen, die Leichen im Keller haben und für ihren Erfolg einiges geopfert haben. Für mich gibt es den inneren und den äußeren Erfolg. Jemand kann zwar äußerlich z.B. im Beruf Erfolg, aber trotzdem eine schlechte Gesundheit, eine schlechte Beziehung zu seinem Partner und vor allem Unzufriedenheit und innere Disharmonie haben. Was ist das für ein Erfolg, wenn einige große Konzerne noch erfolgreicher sind und einige Reiche noch reicher werden auf Kosten einer gesunden Umwelt, auf Kosten der Existenz vieler Menschen?

Ist es ein Erfolg, wenn es in gewissen Firmen immer unmenschlicher zugeht? Die Zahlen dieser Firmen mögen stimmen, das Betriebsklima aber längst nicht mehr. Der wahre Erfolg soll nicht nur einigen wenigen etwas bringen, sondern allen Beteiligten. Einseitige Erfolge erweisen sich im Nachhinein gesamthaft gesehen als Fehlschläge. Wer einseitige äußerliche Erfolge anstrebt und dabei auf den inneren Erfolg vergisst, kommt früher oder später aus dem Gleichgewicht. Vor jedem Projekt sollten wir uns fragen: *„Was ist mein Preis für den Erfolg? Was ist der Preis aller Beteiligten und wie wird die Auswirkung sein?"*

Gesundheit ist Reichtum Immer wieder habe ich Personen gefragt, welches ihre wichtigsten Wünsche seien. Eine gute Gesundheit wurde immer wieder als einer der wichtigsten Wünsche angeführt. Eine gute Gesundheit ist Gold wert. Es heißt: *„Der gesunde Mensch hat viele Wünsche, der kranke Mensch nur einen Wunsch, nämlich den, gesund zu werden".*

Optimales Wohlbefinden empfinden wir nur, wenn wir gesund sind. Wenn wir Wohlbefinden empfinden, sind wir auch glücklich. Kleine gesundheitliche Symptome wie Zahn-, Magen- oder Rückenschmerzen genügen oft schon, um die eigene Lebensfreude zu trüben und das innere Gleichgewicht zu stören. Fast jeder Mensch weiß aus eigener Erfahrung, dass schon kleine gesundheitliche Störungen die Konzentration und Leistungsfähigkeit beeinträchtigen. Je länger eine gesundheitliche Störung anhält, umso mehr wird dadurch eine gute Stimmung beeinträchtigt. Oft spüren und fühlen Menschen erst nach der Überwindung von gesundheitlichen Problemen wieder, wie wichtig die Gesundheit ist und welchen Einfluss eine stabile Gesundheit auf die eigene Lebensfreude und die Leistungsfähigkeit hat.

Wie würden Sie die langfristigen Erfolgsaussichten eines Spitzensportlers mit einer schwachen Gesundheit einstufen? Wahrscheinlich nicht sehr gut. Da ich seit Jahren Spitzensportler mental unterstütze, beobachte ich auch die Sportszene sehr genau. Immer wieder habe ich gesehen, wie die Karriere verheißungsvoller Talente aufgrund einer labilen Gesundheit gescheitert ist. Zur Gesundheit gehören natürlich neben dem Köper auch Geist und Seele. Gesundheit heißt also nicht nur körperlich, sondern auch geistig und seelisch gesund sein. Gesundheit ist immer Ausdruck von geistiger, seelischer und körperlicher Harmonie. Wer gesund ist, hat neben einem gut funktionierenden Körper auch Nerven wie Drahtseile und ist geistig-seelisch optimal belastbar.

Auch wenn Sie nicht Spitzensportler sind, müssen Sie im Laufe einer Woche und im Laufe eines Monats ganz Beachtliches leisten. Wenn Sie überdurchschnittlich erfolgreich sein wollen, müssen auch Sie Topleistungen erbringen. Viele Menschen sind so stark auf ihre tägliche Arbeit und den angestrebten Erfolg konzentriert, dass sie manchmal vergessen, dass Gesundheit und Vitalität ein Muss für dauerhafte Topleistungen sind.

Ihr Gesundheitskonto Wenige Mensch gehen mit ihrem Geld so fahrlässig um wie mit ihrer Gesundheit. Gesundheitlich gesehen leben viele Menschen auf Kredit. Wir wissen aber, dass ein Kredit zum entsprechenden Zeitpunkt fällig wird. Wir alle haben ein sogenanntes Gesundheitskonto. Auf diesem Konto gibt es täglich Bewegung: Plus und Minus. Plus ist das, was wir jeden Tag Gutes für unsere Gesundheit tun, und Minus, das sind die täglichen kleinen und mittleren Sünden.

Alles, was wir regelmäßig für oder gegen unsere Gesundheit tun, zählt.

Was von Menschen oft übersehen wird, ist, dass sich im Laufe der Zeit alles summiert. Ein Mensch wird nicht aufgrund einiger einzelner gesundheitlicher Sünden krank, sondern aufgrund einer Summe von gesundheitlichen Verstößen. Hat jemand nur hin und wieder Stress, so bringt ihn das nicht um. Jemand, der unter Dauerstress steht, belastet dadurch nicht nur seine Gesundheit, sondern wird sie langfristig schädigen. Alkohol in kleinen Mengen getrunken wirkt sogar als Medizin. Wer regelmäßig jedoch zu viel Alkohol trinkt, schädigt seine Gesundheit. Auch hin und wieder etwas für unsere Gesundheit zu tun, ist gut. In der Regel wird es aber nicht ausreichen, uns für den beruflichen und privaten Alltag topfit zu halten.

Für unsere Gesundheit sind wir selbst verantwortlich

Wir sind zwar nicht für unsere Gene, dafür aber für unsere Lebensweise verantwortlich. Gesundheit ist unser kostbarstes Gut und als solches sollten wir sie mit großer Sorgfalt behandeln. Es ist nicht sinnvoll, für den Erfolg die eigene Gesundheit zu opfern. Wer seine Gesundheit strapaziert, muss früher oder später den Preis dafür bezahlen. Ein Mensch, der seine Gesundheit vernachlässigt, gefährdet seinen Erfolg.

Wer Manager seines Erfolgs sein will, muss auch Manager seiner Gesundheit sein. Folgende Aufgabe wird Ihnen helfen, Ihre Lebensweise und Gesundheit etwas genauer unter die Lupe zu nehmen.

Aufgabe

Schreiben Sie bitte auf:

- Zwei Gewohnheiten, die einen negativen Einfluss auf Ihre Gesundheit haben:
- Fünf Gewohnheiten, die einen positiven Einfluss auf Ihre Gesundheit haben:

Die Aufgabe soll Ihnen helfen, einen Zusammenhang zwischen Ihren ständig wiederkehrenden Gewohnheiten und Ihrem Gesundheitszustand zu erkennen. Sie sollen dadurch auch erkennen, welche Gewohnheiten Ihre Gesundheit besonders belasten und welche Sie daher unbedingt verändern sollten.

Gesundheit durch gute Gewohnheiten Ich habe immer wieder das Leben gesunder Menschen studiert. Dabei habe ich festgestellt, dass diese Menschen wichtige gesundheitsförderliche Gewohnheiten hatten. Bei meinen Recherchen fand ich auch heraus, dass den betreffenden Leuten diese Gewohnheiten nicht in die Wiege gelegt wurden, sondern dass sie diese im Laufe ihres Lebens bewusst entwickelt haben. Vor Jahren hatte ich eine lästige hartnäckige Erkältung, die mich veranlasste über meine Lebensweise nachzuden-

Wir können uns entscheiden, ob wir Sklave unserer schlechten oder Meister unserer guten Gewohnheiten sein wollen.

ken. Da wurde mir bewusst, dass ich in der Zeit, als ich als Junge und Jugendlicher bei jedem Wetter – Regen, Sturm oder Schneefall – Fußball spielte, nie eine Erkältung gehabt hatte. Jetzt war ich sehr bequem geworden und saß bei Regen und Sturm lieber zuhause in der warmen Stube.

Also fasste ich den Vorsatz, mich unabhängig von der Wetterlage regelmäßig im Freien zu bewegen. Ich habe meinen Vorsatz in die Tat umgesetzt und mittlerweile ist mir dieses Verhalten nicht nur zur Gewohnheit, sondern geradezu zu einem Bedürfnis geworden. Dadurch bin ich gegenüber Erkältungen auch viel resistenter geworden.

Jede positive Veränderung im Leben beginnt mit einer bewussten oder unbewussten Entscheidung. Sie können jetzt die Entscheidung fällen, eine der zwei Gewohnheiten, die Ihre Gesundheit belasten, positiv zu verändern. Eine bestehende Gewohnheit können wir jedoch nicht einfach ausradieren, sondern wir müssen sie durch eine andere Gewohnheit ersetzen, z.B.

Schlechte Zeiteinteilung
Ursache für regelmäßigen Stress

- durch ein gutes Zeitmanagement

Bewegungsarmut
Ursache für viele gesundheitliche Störungen

- durch ein regelmäßiges Fitnessprogramm

„Aufschieberitis"
Ursache für viel Ärger, Stress und viele Misserfolge

- durch tatkräftiges, entschlossenes und zielorientiertes Handeln

Regelmäßiger Ärger
Ursache für Frust, Demotivation, viele Konflikte und gesundheitliche Probleme

- durch Änderungen – gerade bei regelmäßigem Ärger – sind Veränderungen dringend notwendig

Regelmäßiger negativer Input durch negative Informationen via Radio, Fernsehen, Zeitungen etc.
Ursache für viele negative Denkmuster und Gefühle

- durch regelmäßige positive Information aus Büchern, Kassetten, Fernsehen, Radio, Zeitschriften, Vorträgen und Seminaren.

Folgende Aufgabe soll Ihnen helfen, eine gesundheitsbelastende Gewohnheit durch eine gesundheitsfördernde zu ersetzen.

Aufgabe

1 Nehmen Sie bitte ein Blatt Papier und schreiben Sie ganz oben den Namen der Gewohnheit, die Sie verändern wollen.

2 Schreiben Sie darunter, warum Sie diese Gewohnheit verändern wollen.

3 Schreiben Sie auf ein neues Blatt schwerpunktmäßig, welche gesundheitlichen Nachteile Sie bisher durch diese Gewohnheit hatten.

4 Schreiben Sie darunter, welche Nachteile Sie auf fünf, zehn und 15 Jahre hinaus in Kauf nehmen müssten, wenn Sie diese Gewohnheit einfach belassen würden.

5 Schreiben Sie bitte auf ein neues Blatt Papier den Namen der Gewohnheit, die Sie anstelle der alten, unerwünschten setzen wollen.

6 Notieren Sie bitte darunter, welche Vorteile Sie durch die neue Gewohnheit auf ein, zwei, drei, fünf, zehn… Jahre hinaus mit hoher Wahrscheinlichkeit haben würden.

7 Schreiben Sie auf ein neues Blatt alles auf, warum Sie überzeugt sind, dass Sie erfolgreich die unerwünschte durch die neue Gewohnheit ersetzen.

8 Praktizieren Sie die neue gewünschte Gewohnheit 21 Tage lang hindurch regelmäßig. Lassen Sie in diesen 21 Tagen keine Ausnahme zu. Machen Sie sich dabei jedes Mal bewusst, dass Sie mit dieser Gewohnheit die unerwünschte ersetzt haben. Praktizieren Sie die neue Gewohnheit auch nach diesen 21 Tagen bei jeder Gelegenheit.

9 Jedes Mal, wenn Sie die neue Gewohnheit erfolgreich praktiziert haben, sollten Sie sich darüber bewusst freuen und sich zusätzlich in irgendeiner Form dafür belohnen. Stellen Sie sich dabei auch mental vor, welche wachsenden Vorteile Sie durch die neue Gewohnheit haben werden.

10 Wenn Sie nach einigen Wochen die unerwünschte Gewohnheit durch die neue erfolgreich ersetzt haben, sollten Sie sich dafür angemessen belohnen.

Wenn Sie diese Schritte beharrlich umsetzen, werden Sie innerhalb weniger Wochen eine gesundheitsbelastende durch eine gesundheitsfördernde Gewohnheit ersetzt haben. Natürlich erfordert diese Veränderung etwas Selbstdisziplin. Ohne unsere Selbstdisziplin zu trainieren, werden wir jedoch nie unser Leben meistern können. Wenn Sie im Zuge dieser Gewohnheitsveränderung Ihre Selbstdisziplin trainieren, werden Sie feststellen: *„Der größte Sieg ist immer der über sich selbst“*. Sie werden danach fühlen, dass dieser Erfolg einen positiven Einfluss auf Ihr Selbstwertgefühl und Selbstvertrauen hat. Vor allem aber werden Sie die positive Wirkung auf Ihre Gesundheit, Zufriedenheit und Leistungsfähigkeit spüren. Gleichzeitig wird Ihnen durch diesen Erfolg bewusst, dass Sie der Meister und nicht der Knecht Ihrer Gewohnheiten sind.

Energie – die Essenz unseres Lebens Was erhält uns am Leben? Wahrscheinlich denken Sie jetzt an Essen, Trinken, Ruhen, Atmen, Schlafen. Selten denkt jemand gleich an Lebensenergie. Die Inder nennen es *Prana,* die kosmische Lebensenergie. Es gibt kein Leben ohne Energie. Immer wieder sind Menschen der Frage nachgegangen, warum der Mensch überhaupt altert. Dafür gibt es viele Thesen. Eines ist aber sicher, das Altern findet durch einen ständigen Verlust an Lebensenergie statt. Jeder Mensch hat von Geburt an ein bestimmtes Energiepotential, welches natürlich begrenzt ist. Je schneller ein Mensch seine Energie verbraucht, umso schneller baut dieser Mensch gesundheitlich ab.

Ein junger Mensch hat natürlich noch sehr viel Energie. Im jugendlichen Alter spürt man noch nicht, dass die Lebensenergie mit jedem Jahr abnimmt. Natürlich gibt es auch noch ältere, rüstige Leute. Das darf aber nicht zu der fälschlichen Annahme führen, dass ein durchschnittlich Siebzigjähriger so viel Energie wie ein Fünfzigjähriger hat. Unsere Energie ist also begrenzt, und je schneller wir sie verbrauchen, umso schneller schwinden die Gesundheit und Jugend.

Energie ist die Essenz für unsere Gesundheit und unseren Erfolg.

Für unsere tägliche Arbeit und praktisch für jede Tätigkeit brauchen wir Energie. Da unsere Lebensenergie nicht zunimmt, sondern abnimmt, ist es für unsere Gesundheit und unseren Erfolg von größter Wichtigkeit, dass wir damit sinnvoll umgehen und sie bestmöglich nutzen. Durch eine gesunde Lebensführung und bewusste Maßnahmen können wir unsere Lebensenergie möglichst lange bewahren.

Negative Emotionen sind Energieräuber Nicht Arbeit oder Bewegung, sondern seelische Konflikte kosten besonders viel Energie. Vor allem negative Gefühle wie Ärger, Sorgen, Zweifel, Hass, Neid, Eifersucht, Hilflosigkeit und Überforderung verbrennen regelmäßig wertvolle Energie. Während negative Emotionen wahre Energieräuber sind, sind positive Emotionen wie Liebe, Freude, Begeisterung, Dankbarkeit, Selbstvertrauen und Selbstwert wichtige Energiespender.

Negative Emotionen stören auf Dauer das seelisch-körperliche Gleichgewicht gewaltig. Wenn jemand in einem negativen emotionalen Zustand ist, leidet seine Psyche. Die psycho-somatischen Krankheiten nehmen in unserer Gesellschaft ständig zu. Unter dem Einfluss negativer Gefühle wird ein Mensch zuerst seelisch und in Folge körperlich krank. Ist ein Mensch krank, braucht er seine Energie für die Wiedergesundung. Für zu erbringende Leistungen bleibt meistens nur noch wenig Energie übrig.

Die bewusste Förderung positiver Emotionen ist eine der wichtigsten Maßnahmen zur Erhaltung unsere Gesundheit, Vitalität, Leistungsfähigkeit und für unseren Erfolg.

Negative Gefühle sind jedoch nicht nur nachteilig, sie fungieren als innerer Kontrollmechanismus. Negative Emotionen sind meistens eine Aufforderung, etwas zu verändern.

Unsere Gedanken als Ursache für unsere Gefühle Untersuchungen an Optimisten und Pessimisten haben ergeben, dass ein Optimist im Laufe eines Tages viel mehr positive Eindrücke hat, während der Pessimist viel mehr negative Eindrücke gesammelt hat. Eines ist klar, unsere Welt ist nicht nur positiv und sie ist auch nicht nur negativ. Wir finden in unserer Welt beides, das Positive und das Negative.

Wenn Sie Ihre Gefühle immer besser meistern wollen, müssen Sie erkennen, dass Ihre Gedanken die Ursache für Ihre Gefühle sind. Nehmen wir an, Sie haben erfahren, dass Sie jemand hinter Ihrem Rücken kritisiert hat und Sie ärgern sich darüber.

Angenommen, Sie würden jetzt zu sich sagen: *„Ich weiß, dass ich diese Sache gut und erfolgreich gemacht habe, diese Person sagt dies wahrscheinlich nur aus Neid. Ich habe jedoch so ein gesundes Selbstvertrauen, dass mich diese Kritik nur ein Lächeln kostet.“*

Würden Sie sich dann auch ärgern? Nein, natürlich nicht. Warum? Weil Sie die Sache gedanklich so bewertet haben, dass Sie sich darüber gar nicht ärgern müssen. Es sind immer unsere Gedanken, die für unsere emotionalen Reaktionen verantwortlich sind. Wenn jemand zu einer anderen Person sagt, *„Ich muss mich deinetwegen ärgern"*, so mag dies subjektiv, aber nicht objektiv stimmen. Subjektiv bedeutet, die Person glaubt, sich über die andere Person ärgern zu müssen. Objektiv gesehen hätte diese Person aber verschiedene andere Möglichkeiten offen. Sie könnte sich wundern, sie könnte lachen, sie könnte sich fragen, was sie in dieser Situation lernen kann.

Ein Lehrsatz des Altmeisters des Mental-Positivismus, *Oscar Schellbach,* lautet:
Gedanken, die deine Gefühle beherrschen, lenken und leiten dich, lassen dich siegen oder untergehen.

Energiequelle Atmung Unser Leben hat mit dem ersten Atemzug begonnen und unser Leben hängt an unserer Atmung. Ein Mensch kann 30 Tage oder mehr ohne Essen leben, ca. eine Woche ohne Trinken, ca. eine Woche ohne Schlaf, aber nur wenige Minuten ohne Atmung. Unsere Atmung ist die wichtigste Lebensquelle. Bei jeder Einatmung werden wir mit lebenswichtigem Sauerstoff und *Prana* (Lebensenergie) versorgt. Bei jeder Ausatmung atmen wir Kohlendioxyd und andere Stoffwechselschlacken aus. Lange Zeit haben westliche Wissenschaftler daran gezweifelt, ob es dieses *Prana* wirklich gibt. Jüngste Forschungen haben bewiesen, dass es wirklich einen sogenannten Supersauerstoff gibt. Die Experten haben diesem Supersauerstoff den Namen *„Aran"* gegeben. Ob *Aran* oder *Prana,* Tatsache ist, dass unsere Atmung unsere wichtigste Körperfunktion ist und uns neben Sauerstoff ständig mit Lebensenergie versorgt. Sauerstoff und *Prana* ernähren unser Gehirn, unser Nervensystem und jede Zelle unseres Körpers.

Viele Menschen atmen falsch. Eine schlechte Atmung ist direkt oder indirekt an vielen gesundheitlichen Störungen und Krankheiten beteiligt. Gerade die zwei wichtigsten Organe, unser Gehirn und unser Herz, brauchen sehr viel Sauerstoff. Unser Gehirn kann nur optimal arbeiten, wenn es regelmäßig mit viel Sauerstoff versorgt wird.

Als Kind und Jugendlicher hatte ich schwere Gehirndurchblutung- und Herzrhythmusstörungen. Wenn ich in der Schule war, kam es immer wieder vor, dass ich zwar noch die Stimme des Lehrers hörte, aber überhaupt nichts mehr sah. Das Einzige, was ich sah, war die Farbe Schwarz. Ich wurde deswegen oft ungerechterweise von meinem Lehrer bestraft, weil er dachte, dass ich nur unaufmerksam sei und in der Schule schlafen würde. Dieser geistige Bildausfall dauerte ungefähr jeweils drei bis fünf Minuten. Mir kam es immer wie eine Ewigkeit vor. Als ob dies nicht gereicht hätte, hatte ich zu allem Unglück auch immer wieder Herzstolpern. Mehrmals pro Woche hatte ich das Gefühl zu ersticken. Durch diese Umstände war die Schulzeit für mich sehr schwierig.

Bis zu meinem siebzehnten Lebensjahr wurden diese massiven gesundheitlichen Probleme nur geringfügig besser. Sie veranlassten mich dann auch, mit siebzehn Jahren einen Yogakurs mitzumachen. Obwohl der Kurs nur einige Wochen dauerte, erlebte ich positive gesundheitliche Veränderungen. Durch die positiven Erfahrungen bestärkt, besuchte ich fortlaufend weitere Kurse. Zu meiner großen Freude bemerkte ich, dass meine Herzrhythmus- und Gehirndurchblutungsstörungen immer mehr abnahmen. Dies waren entscheidende Gründe für mich, dass ich mich für eine Yogalehrerausbildung in Indien entschied.

Durch Hatha-Yoga lernte ich mich optimal zu entspannen, meinen Körper zu stärken und vor allem richtig zu atmen. Die richtige Atmung und das regelmäßige Praktizieren der Atemübungen haben bewirkt, dass mein Gehirn und Herz wieder optimal funktionsfähig wurden. Es war für mich wie ein kleines Wunder, als ich merkte, dass ich mich plötzlich wieder voll auf mein Gehirn verlassen konnte und dass ich eine äußerst gute Konzentration entwickelte. Aufgrund der Atemübungen litt ich nicht mehr an Erstickungsanfällen und ich konnte immer freier und besser atmen. Sie können sich sicher gut vorstellen, wie sehr sich dadurch meine Lebensqualität verbesserte.

Nachdem ich in Indien die Atemtechniken bei Yogalehrern gelernt habe, habe ich diese jahrelang mit bestem Erfolg praktiziert. Inzwischen habe ich vielen Menschen die richtige Atemtechnik vermittelt.

Atmen Sie sich leistungsfähig und gesund Viele Menschen sind sich nicht bewusst, dass die Atmung einen wichtigen Einfluss auf die persönliche Leistungsfähigkeit hat. Die richtige Atmung wirkt nicht nur sehr positiv auf die Organe, sondern auch auf das gesamte Nervensystem und die Psyche. Atemübungen beruhigen den Geist, sorgen für den Abbau von Stress und fördern das innere Gleichgewicht.

Ich frage die Kursteilnehmer immer wieder: *„Wie atmen Sie, wenn Sie sich ärgern oder ängstigen?“* Es kommen immer wieder die gleichen Antworten: *„Schnell, unrhythmisch und oberflächlich.“* Auf die Frage: *„Wie atmen Sie, wenn es ihnen gut geht, wenn sie sich besonders wohl fühlen?“* kommen immer wieder Antworten wie: *„Ruhig,* *gleichmäßig, rhythmisch, harmonisch und deutlich langsamer"*. Leider haben sich viele Menschen schon daran gewöhnt, durch den Mund, schnell, unrhythmisch und oberflächlich zu atmen. Dadurch stehen sie unbewusst ständig unter Dauerspannung. Erst eine ruhige, gleichmäßige, rhythmische Atmung signalisiert dem Gehirn *„Entspannung"*. Menschen, die falsch atmen, sind niemals so leistungsfähig und dynamisch wie solche, die richtig atmen.

Ihre Gesundheit hängt von der Gesundheit Ihrer Körperzellen ab. Gesunde Körperzellen hängen wiederum stark von der richtigen Atmung ab. Wenn Sie vielleicht schon Atemübungen in Ihr Gesundheitsprogramm einbezogen haben, ausgezeichnet! Dann kennen Sie ja auch die wunderbaren Vorteile, die mit einer optimalen Atmung verbunden sind. Wenn nicht, können Sie enorm davon profitieren, wenn Sie Atemübungen in Ihren Tagesablauf einbeziehen. Durch das regelmäßige Praktizieren der Atemübungen werden Sie spüren, wie Ihre Vitalität und Gesundheit verbessert wird. Nach einer gewissen Zeit wird sich auch Ihre Ausstrahlung verbessern, da Ihre gesteigerte Vitalität nach außen hin sichtbar wird.

Atmen – aber richtig Damit Atemübungen die bestmöglichste Wirkung haben, sollten Sie folgende Punkte beachten:

Voll atmen Die meisten Menschen sind Teilatmer. Das bedeutet, dass sie überwiegend den unteren, mittleren oder oberen Bereich der Lungen zum Atmen nutzen und die anderen Bereiche vernachlässigen. Wenn jemand aber ein so wichtiges Organ wie die Lunge nicht optimal nutzt, büßt es an Funktionsfähigkeit ein. Bei der Vollatmung achten wir darauf, dass die Luft gleichmäßig in den unteren, mittleren und oberen Bereich der Lungen fließt. Dies wird auch dadurch unterstützt, dass wir eine Hand auf die Bauchdecke und die zweite Hand auf den oberen Bereich des Brustkorbs legen. Dadurch haben Sie eine optimale Kontrolle, ob die Luft gleichmäßig in den unteren, mittleren und oberen Bereich der Lungen fließt.

Durch die Nase atmen Nur wenn Sie durch die Nase atmen, wird die Luft entstaubt und gereinigt. Gleichzeitig wird die Luft auf die richtige Temperatur gebracht und mit der richtigen Luftfeuchtigkeit versehen, damit die Schleimhäute nicht austrocknen. Wenn verschiedene Autoren schreiben, dass wir durch die Nase ein- und durch den Mund ausatmen sollen, ist das Unsinn. Bei sportlichen Aktivitäten ist es in Ordnung, da wir unter körperlicher Belastung beträchtlich mehr Sauerstoff brauchen.

Bei den Atemübungen ist es jedoch sehr wichtig, dass wir durch die Nase sowohl ein- als auch ausatmen. Menschen, die zwar durch die Nase ein-, aber durch den Mund ausatmen, atmen deutlich schneller als Nasenatmer. Gerade aber das langsame Atmen ist für die geistige und körperliche Gesundheit von größter Wichtigkeit. Die Yogis – die Meister der Atemtechniken – haben herausgefunden, dass Menschen, Tiere und Pflanzen, die schnell atmen, eine kürzere Lebenserwartung haben, während solche, die langsam atmen, eine längere Lebenserwartung haben.

Entspannt atmen Entspanntes Atmen bedeutet, dass man keine Steigerung oder Verbesserung erzwingt. Fortschritte und Verbesserungen in der Atemweise kommen durch bewusstes und geduldiges Üben. Jedes zwanghafte Forcieren ist zu vermeiden. Wichtig ist auch, dass der ganze Oberkörper während des Atmens entspannt bleibt.

Rhythmisch atmen Jede Ein- und Ausatmung sollte durchgehend, also ohne Stocken sein. Achten Sie immer darauf, dass Sie ruhig und gleichmäßig atmen. Durch Stresssituationen im Alltag wird der natürliche Atemrhythmus gestört. Wenn Sie die Atemübungen regelmäßig machen, werden Sie feststellen, dass Ihr Atem auch während des Tages viel gleichmäßiger fließt.

Bewusst atmen Beim Üben der Vollatmung sollten Sie mit Ihrer vollen Aufmerksamkeit dabei sein. Erleben Sie ganz bewusst jeden Atemzug. Beobachten Sie ganz bewusst, wie sich Ihre Bauchdecke und Ihr Brustkorb mit jedem Atemzug verändern. Anfangs werden Ihre Gedanken zwischendurch abwandern. Wenn Sie dies merken, lenken Sie Ihr Bewusstsein wieder geduldig auf den Atemvorgang. Machen Sie sich bewusst, dass Sie mit jeder Einatmung lebenswichtigen Sauerstoff und vitalisierendes *Prana* aufnehmen. Machen Sie sich auch bewusst, dass Sie mit jeder gründlichen Ausatmung Ihren Körper reinigen.

In fünf Minuten zu neuer Energie Wenn Sie täglich fünf Minuten Atemübungen praktizieren, wird sich dies als eine der besten Investitionen in Ihr Wohlbefinden, Ihre Gesundheit und Ihren Erfolg erweisen. Den besten Nutzen haben Sie natürlich nur dann, wenn Sie die Vollatmung täglich praktizieren.

Am besten machen Sie die Vollatmung entweder am Morgen nach dem Aufstehen oder am Abend vor dem

Abendessen oder zwei bis drei Stunden nach dem Abendessen. Ein gute Möglichkeit ist natürlich auch, am Morgen zwei bis drei Minuten und am Abend zwei bis drei Minuten diese Übung durchzuführen.

Im Winter lüften Sie am besten zuerst den Raum, in dem Sie üben. Wenn die Außenluft im Frühjahr wieder wärmer ist, können Sie idealerweise das Fenster gekippt lassen, damit frische Luft in den Raum einströmt. Wenn Sie es sich entsprechend einteilen können, wäre es natürlich sehr vorteilhaft, darauf zu achten, dass Sie außerhalb der Hauptverkehrszeiten üben.

Für die Atemübungen müssen Sie nicht extra einen Trainingsanzug anziehen. Je nachdem, was Sie für eine Kleidung tragen, sollten Sie aber darauf achten, dass der Bauchbereich völlig frei und nicht durch einen engen Hosenbund oder Gürtel eingeengt ist.

Führen Sie anfangs die Übungen immer im Liegen durch. Dazu können Sie sich auch auf das Bett legen oder mit einer Wolldecke als Unterlage auf den Boden. Erst wenn Sie schon einige Monate Erfahrung haben, ist es empfehlenswert, die Vollatmung auch im Sitzen durchzuführen. Wenn Sie die Übung nach einigen Monaten im Sitzen durchführen, sollten Sie immer darauf achten, dass Ihr Rücken gerade und entspannt ist.

Legen Sie sich entspannt auf den Rücken und legen Sie eine Hand so auf Ihre Bauchdecke, dass der Zeigefinger knapp unterhalb des Bauchnabels zu liegen kommt. Legen Sie die zweite Hand auf den oberen Bereich Ihres Brustkorbes.

Üben Sie bitte die ersten vier Wochen wie folgt:
Atmen Sie bewusst und langsam durch die Nase gründlich aus und beobachten Sie dabei, wie sich Ihre Bauchdecke senkt und Ihr Brustkorb langsam schrumpft. Wenn Sie gründlich ausgeatmet haben, lassen Sie die Einatmung einfach von selbst geschehen. Wichtig ist bei dieser passiven Einatmung, dass Sie die Bauchdecke, während sich die Einatmung vollzieht, unterhalb des Bauchnabels etwas festhalten, damit sie sich nicht zu weit nach außen wölbt. Dadurch strömt die Luft auch harmonisch in den mittleren und oberen Bereich Ihrer Lungen.

Sie werden sich vielleicht fragen, warum Sie vorerst nur die Ausatmung aktiv und die Einatmung passiv machen sollen. Der Grund ist, dass die meisten Menschen denken, dass richtig Atmen vor allem tief Einatmen bedeutet. Dadurch vernachlässigen sie die Ausatmung stark. Wer jedoch nicht richtig ausatmen kann, kann auch niemals optimal einatmen, weil zuviel Restluft in den Lungen verbleibt. Sie werden wahrnehmen, dass Sie allein dadurch, dass Sie wesentlich gründlicher ausatmen, plötzlich auch viel tiefer einatmen können. Die Basis einer guten Atmung ist also, dass Sie gelernt haben, gründlich auszuatmen.

Nach vier Wochen können Sie dann die Aus- und Einatmung aktiv machen. Vermeiden Sie bei der Einatmung unbedingt jegliches Forcieren. Zwingen Sie Ihrem Körper nichts auf und führen Sie besonders die Einatmung sanft und gefühlvoll durch. Je entspannter und müheloser Sie atmen, desto besser ist die Wirkung.

Die Vollatmung zusammengefasst:

- Führen Sie die Vollatmung entweder im Liegen oder Sitzen durch.

- Legen Sie eine Hand auf die Bauchdecke, so dass der Zeigefinger knapp unterhalb des Bauchnabels zu liegen kommt. Die zweite Hand legen Sie bitte auf den oberen Bereich des Brustkorbs.

- Machen Sie bei den ersten zehn Atemzügen immer nur die Ausatmung aktiv, auch wenn Sie schon etwas geübter sind. Achten Sie darauf, dass Sie gründlich ausatmen. Halten Sie, während sich die Einatmung vollzieht, die Bauchdecke unterhalb des Bauchnabels etwas fest.

- Machen Sie dann nach diesen zehn Atemzügen auch die Einatmung aktiv. Gehen Sie immer nach der Devise vor: *„Den Atem führen und lenken, aber nicht zwingen"*. Achten Sie darauf, dass die Ausatmung, wenn Sie die Ein- und Ausatmung aktiv machen, ca. ein Drittel länger als die Einatmung ist. Sie atmen also z.B. sechs Sekunden ein und atmen ca. neun Sekunden aus. Wem dies zu mühevoll ist, der kann den Rhythmus *„vier Sekunden ein und sechs Sekunden aus"* wählen.

- Atmen Sie sowohl während der Ein- wie auch während der Ausatmung durch die Nase.

- Dauer: Morgens zwei bis drei Minuten und abends zwei bis drei Minuten.

Schon nach kurzer Zeit werden Sie die positive Wirkung regelmäßiger Atemübungen wahrnehmen. Sie werden spüren, welchen positiven Einfluss die Vollatmung auf Ihre Gesundheit, Ihr Wohlbefinden und Ihre Leistungsfähigkeit hat.

Lebenselixier Wasser Das zweitwichtigste Lebenselixier nach der Atmung ist das Wasser. Wenn Menschen das Wort „Elixier" hören, denken sie meistens an ein teures Verjüngungsmittel aus der Apotheke. In Wirklichkeit kosten bei uns die zwei wichtigsten Lebenselixiere fast nichts. Vielleicht werden sie deshalb so gut wie gar nicht beachtet. Als ich in Indien lebte, wurde mir bewusst, wie kostbar und wertvoll Wasser ist. In Indien gibt es einen enormen Mangel an qualitativ gutem Wasser. Für die Inder ist Wasser deshalb fast etwas Heiliges. Leider gehen die Menschen in den Industrieländern achtlos mit dem kostbaren Trinkwasser um. Wissenschafter warnen aber, dass es, wenn das Trinkwasser weiterhin so verschwendet wird, mit unseren Trinkwasservorräten rapid zurück geht. Jedes Lebewesen braucht Wasser, denn ohne Wasser gibt es kein Leben. Der Körper des Menschen besteht zu ca. 65 % aus Wasser. Natürlich variiert dies von Mensch zu Mensch etwas. Unser Blut besteht zu 92 %, unsere Gehirnzellen zu ca. 70 % aus Wasser.

Wasser ist das beste Getränk für einen weisen Mann.

Henry D. Thoreau

Wenn ein Mensch an Wassermangel leidet, werden alle Körperfunktionen dadurch in Mitleidenschaft gezogen. Gerade nervöse Menschen leiden oft unter Wassermangel. Die Nerven brauchen für ihre optimale Funktion die richtige Menge Wasser. Unser Körper kann nur regelmäßig richtig entgiftet werden, wenn wir genügend trinken. Wer längere Zeit zu wenig trinkt, vergiftet sich nach und nach selbst. Wasser ist deshalb das beste Getränk für Ihre Gesundheit und Ihre Vitalität und eine optimale Funktion Ihres Gehirns.

Damit alle Organfunktionen im Körper reibungslos ablaufen können, braucht ein Erwachsener täglich 1,5 bis 2 Liter Wasser. Dies ist ein Durchschnittswert, denn ein Profi-Radrennfahrer braucht viel mehr. Achten Sie also darauf, dass Sie täglich 1,5 bis 2 Liter Flüssigkeit in Form von Wasser und teilweise Kräutertee zu sich nehmen. Wenn Sie sich für Mineralwasser entscheiden, trinken Sie eines mit wenig Kohlensäure. Kaffee, Schwarztee, Fruchtsäfte, Milch und Alkohol werden nicht als Getränk gerechnet, sondern als Genuss- oder Nahrungsmittel. Trinken Sie möglichst nicht zum Essen, weil dadurch die Magensäfte verdünnt werden. Trinken Sie immer z.B. bis eine halbe Stunde vor dem Essen oder ab einer Stunde nach dem Essen.

Trinken Sie untertags zwischendurch immer wieder etwas Wasser. Sie werden die Erfahrung machen, dass Sie dadurch viel konzentrierter, kreativer und leistungsfähiger sind. Wenn Sie täglich Ihre Atemübungen machen und täglich genügend Wasser und Tee trinken, werden Sie staunen, welche Energien Sie freisetzen und wie wohl Sie sich fühlen werden. Sie werden immer mehr erkennen, dass Atemübungen und Wassertrinken zwei ganz entscheidende Erfolgsfaktoren sind.

Energietankstelle Schlaf Was hat Schlaf mit Gesundheit und Erfolg zu tun? Sehr viel, denn im Schlaf regenerieren wir uns und tanken wieder neue Energie und Nervenkraft für den kommenden Tag. Wenn wir schlafen, wird unser Körper entgiftet, werden die Zellen erneuert und Heilungsprozesse durchgeführt. Ruhiger, tiefer, erholsamer Schlaf ist eines der wichtigsten Verjüngungsmittel, welches uns die Natur bietet. Denken Sie daran, über welche Schaffenskraft Sie untertags verfügen, wenn Sie am Morgen frisch und völlig erholt aufwachen.

Ein erholsamer Schlaf wirkt sich auch sehr positiv auf die Stimmung aus. Wer am Morgen regelmäßig frisch und vital aufsteht, wird seine Aufgaben viel leichter und mit größerem Erfolg meistern. Wer andererseits schlecht schlafen kann, ist am Morgen nicht richtig ausgeruht und es fehlt die notwendige Energie, um das Tagespensum an Arbeit optimal zu erledigen.

Ein guter Gesundheitszustand ist der wichtigste Einzelfaktor für guten Schlaf. Guter Schlaf hat wiederum einen enorm positiven Einfluss auf die Gesundheit. Es gibt aber immer mehr Menschen, die nur schlecht schlafen können. Natürlich gibt es viele Einflüsse, die den Schlaf beeinträchtigen. Alkohol entspannt zwar, am späteren Abend konsumiert beeinträchtigt er jedoch nachweislich die Schlafqualität. Negative Faktoren, die den Schlaf beeinträchtigen, sind: übermäßiger Stress, Alkohol – außer geringe Mengen –, Nikotin, Bewegungsarmut, falsche und üppige Ernährung, seelisch-geistige Belastungen und gesundheitliche Störungen.

Tipps für einen gesunden Schlaf

- Nehmen Sie am Abend nur ein leichtes und kleines Mahl zu sich. Wenn Sie es einplanen können, ist es vorteilhaft, wenn Sie möglichst früh zu Abend essen.

- Praktizieren Sie vor dem Abendessen noch drei bis fünf Minuten die Vollatmung.

- Versuchen Sie aus dem zu lernen, was an diesem Tage nicht so gut war. Konzentrieren Sie sich aber hauptsächlich auf das, was an diesem Tage gut, erfolgreich und schön war.

- Achten Sie darauf, dass Sie täglich genügend Bewegung haben.

- Nehmen Sie sich möglichst für jeden Abend etwas vor, was Sie freut.

- Lesen Sie jeden Abend mindestens 15 Minuten in einem aufbauenden Buch.

- Führen Sie am Abend öfters mit Ihrer Familie gute Gespräche und lassen Sie den Fernseher abgeschaltet.

- Gehen Sie nach Möglichkeit immer zur selben Zeit schlafen.

- An der Idee, dass der Schlaf vor Mitternacht doppelt zählt, ist sicher etwas dran. Ich glaube daran und ich kenne viele Leute, die darauf schwören.

Bewegung ist Leben Für unsere Gesundheit ist es sehr wichtig, dass ein harmonisches Verhältnis zwischen geistiger und körperlicher Aktivität besteht. Die meisten Menschen werden heute am Arbeitsplatz geistig weitaus mehr gefordert als körperlich. Menschen, die wiederum eine körperliche Arbeit haben, sind meistens auch sehr einseitig gefordert.

Wir haben einen wunderbaren Körper mit ca. 600 Muskeln und 200 Knochen. Dass wir jeden Körperteil regelmäßig bewegen und aktivieren, ist eine wichtige Voraussetzung für eine gute Durchblutung und die Ernährung der Körperzellen. Im Alter wird die Durchblutung immer schlechter. Dadurch werden die Körperzellen immer schlechter ernährt und das Altern schreitet fort. Eine ausgezeichnete Durchblutung des ganzen Körpers ist somit eine wichtige Voraussetzung zur Verzögerung des Alterungsprozesses.

Wer sich zu wenig bewegt, muss feststellen, dass die Muskeln erschlaffen, die Körperfunktionen nachlassen und die Widerstandskraft herabgesetzt wird. Regelmäßige Bewegung sorgt hingegen dafür, dass der ganze Körper belebt und gestärkt wird. Gezielte Bewegung hat einen äußerst positiven Einfluss auf Herz-, Kreislauf-, Nervensystem, Gehirn und unsere Psyche.

Besonders gut wirken sich Ausdauerbewegungsarten wie Power-Walking (dynamisches Gehen), Jogging, Radfahren, Schwimmen, Langlauf, Tourengehen, Wandern und zügige Spaziergänge auf die Gesundheit aus. Wählen Sie die Bewegungsart aus, die Ihnen besonders Spaß und Freude macht. Sie können vor allem dann optimal für Ihre Gesundheit und Fitness profitieren, wenn Sie darauf achten, dass Sie pro Woche mindestens drei bis vier Mal ein Ausdauerprogramm von jeweils 30 Minuten durchführen.

Regelmäßige Bewegung in freier Natur hilft Ihnen auch, Stress abzubauen und das innere Gleichgewicht zu stabilisieren. Ausdauerbewegung führt nämlich zu einer vermehrten Ausschüttung von Endorphinen, *„Glücksbotenstoffen"*, was zu einem gesteigerten Gefühl von Zufriedenheit und Lebensfreude führt. Wenn Sie an die vielen Vorteile von regelmäßiger Bewegung denken, werden Sie sich sicher dafür dauerhaft begeistern.

Der Mensch ist, was er isst Heutzutage nehmen die ernährungsbedingten Krankheiten ständig zu. Es gibt über die Ernährung natürlich viele Theorien. Aus diesem Grunde habe ich speziell die Ernährungsexperten unter die Lupe genommen, die bei guter Gesundheit ein hohes Lebensalter erreicht haben. Um einige dieser Ernährungsexperten zu nennen: *Walter Sommer, Dr. Fritz Becker, Dr. Max Otto Bruker, Dr. Norman Walker, Dr. Paul Bragg und Helmut Wandmaker.*

Diese Personen haben nicht nur bei guter Gesundheit ein sehr hohes Lebensalter erreicht, sondern waren in ihrem Leben sehr aktiv und haben für die Gesellschaft enorm viel geleistet. Auch wenn es bei der Ernährungslehre dieser Leute gewisse Unterschiede gab, so gab es auch wichtige Übereinstimmungen. Alle diese Leute haben ihre Anhänger dazu ermuntert, sich möglichst natürlich und vollwertig zu ernähren. Die meisten von ihnen haben sich vegetarisch ernährt.

Was bedeutet natürliche Vollwertkost? Vollwertkost ist z.B. rohes Obst, Gemüse, Salate, Nüsse, Samen, gekeimtes Getreide, Milchprodukte aus Rohmilch, Vollkorngetreide und Hülsenfrüchte. Das Wort natürlich bezieht sich einmal darauf, dass diese Produkte in ihrem natürlichen Ursprung konsumiert werden. Weiters bedeutet es auch, dass diese Nahrung vorzugsweise aus biologischer Produktion kommt und somit sehr schadstoffarm ist.

Das Gegenteil von natürlicher Nahrung ist denaturierte Nahrung. Deshalb verdient denaturierte Nahrung auch nicht den Namen Lebensmittel. Denaturierte Nahrungsmittel sind schon fabrikationsmäßig verarbeitet und haben viel von ihrem ursprünglichen Wert eingebüßt. Ein gutes Beispiel sind alle Produkte, die aus Weißmehl hergestellt wurden. Beim Weißmehl fehlt die wichtige Randschicht des Korns. Gerade in dieser Randschicht sind wertvolle Vitamine, Mineralstoffe, Spurenelemente und Ballaststoffe, die für unsere Gesundheit sehr wichtig sind. Weißmehlprodukte wurden der wertvollen Inhaltsstoffe beraubt. Aus diesem Grunde sind Weißmehlprodukte für unsere Gesundheit schlecht. Auch weißer Zucker ist ein gutes Beispiel für denaturierte Nahrung. Weißer Zucker ist alles andere als ein Stück Natur, wie es in der Werbung heißt; er ist ein Vitamin- und Mineralstoffräuber und ein Feind der Gesundheit.

Tipps für Ihre Vitalität und Gesundheit

- Eine Regel der Hundertjährigen, die nach wie vor aktuell ist, lautet: Iss am Morgen wie ein Kaiser, mittags wie ein König und am Abend wie ein Bettler.

- Essen Sie nach Möglichkeit immer zur selben Zeit.

- Essen Sie täglich Obst, Gemüse, Salate, Getreidekeimlinge, Vollkornprodukte, Nüsse, Samen und Milchprodukte. Wählen Sie möglichst Produkte aus biologischem Anbau. Diese Produkte sind nicht nur schadstoffärmer, sondern auch viel reicher an Vitaminen, Spurenelementen, Mineralstoffen und Vitalstoffen. Wenn Sie sich für biologische Produkte entscheiden, fördern Sie auch den Schutz und die Erhaltung unserer wertvollsten Ressourcen wie Luft, Wasser, Pflanzen, Tiere und nicht zuletzt von uns selbst.

- Ernähren Sie sich zumindest weitgehend vegetarisch. Langjährige Untersuchungen bestätigen: *„Vegetarier leben gesünder und länger“.*

- Verbannen Sie denaturierte Nahrungsmittel immer mehr aus Ihrem Haushalt.

- Essen Sie nie so lange, bis Sie vollkommen satt sind. Wer nach dem Essen stöhnend feststellt: *„Jetzt bin ich voll“,* hat sich überessen. Sie sollten sich nach dem Essen immer gut, aber keinesfalls voll fühlen.

- Essen Sie immer langsam und möglichst in einer guten harmonischen Stimmung. Gut gekaut ist halb verdaut, kauen Sie gründlich und genießen Sie jeden Bissen.

- Denken Sie immer wieder daran: *„Der Mensch ist, was er isst“.* Nur gesunde, natürliche Lebensmittel können Ihre Gesundheit stärken und erhalten.

Machen Sie ihr Leben zu einem Meisterwerk

Zeit gehört zu den wichtigsten und wertvollsten Ressourcen in unserem Leben. Wir können die verschiedensten Dinge in unserem Leben vermehren, unsere Zeit wird jedoch immer weniger. In der Jugendzeit hat man noch das Gefühl, alle Zeit der Welt zu haben. Im Erwachsenenalter kommt jedoch immer mehr das Gefühl, dass die Zeit eigentlich schnell vergeht. In vielen Gesprächen höre ich Menschen sagen, dass sie zu wenig Zeit für das … und das … und das … haben.

Es ist nicht so, dass wir wenig Zeit haben, wir nützen sie nur nicht genügend.

L. A. Seneca

Haben Sie nicht auch manchmal das Gefühl, dass ein Jahr so schnell vorübergeht und dass die Zeit manchmal richtig verfliegt? Haben Sie auch immer wieder das Gefühl, dass Sie so viel zu tun haben, aber zu wenig Zeit, um alles erledigen zu können?

Ich denke, dass fast die meisten Menschen gewisse Zeitprobleme haben. Ich weiß aber auch, dass es genug Menschen gibt, die ihre Zeit hervorragend nutzen. Jeder Mensch hat im Prinzip gleich viel Zeit, nämlich täglich 24 Stunden pro Tag. Selbst wenn Sie sagen, dass davon jedoch täglich der Firma, bei der Sie arbeiten, acht Stunden gehören, so bleiben Ihnen selbst, wenn Sie noch acht Stunden für den Schlaf abziehen, immer noch acht Stunden Freizeit.

Nutze den Tag

Ein erfolgreiches, glückliches Leben setzt sich aus vielen erfolgreichen und glücklichen Tagen zusammen. Ein erfolgreiches Jahr beginnt zwar meistens mit einem Jahreszielplan. Ein Jahresziel – als Vorausschau möglicher Erfolge – lässt sich aber nur durch Monats- und Wochenziele erreichen. Die Wochenziele lassen sich wiederum nur über die Tagesziele erreichen.

Kein Mensch beklagt sich über zu viel Zeit. Fast alle Menschen haben das Gefühl, zu wenig Zeit zu haben. Zeit ist ein Erfolgsfaktor ersten Ranges. Ohne Zeit für unsere Ziele können wir keinen Erfolg haben.

Anders ausgedrückt: *„Um Erfolg zu haben, brauchen wir Zeit für unsere Ziele."* Ziele sind ein Leitbild für eine positive Zukunft. Erfolgreiche Persönlichkeiten arbeiten nicht nur ein- bis zweimal im Monat an ihren Zielen, sondern nahezu täglich.

Wie oft arbeiten Sie an Ihren wichtigsten Zielen?

Aufgabe

Nehmen Sie bitte ein Blatt Papier und denken Sie an den vergangenen Monat.

Schreiben Sie dann bitte in Stichworten auf, was Sie für die jeweiligen Ziele in diesem Zeitraum getan haben:

- **Persönliche Ziele**
- **Familien- und Partnerschaftsziele**
- **Berufliche Ziele**
- **Gesundheitliche Ziele**

Wenn Sie damit fertig sind, werden Sie ein wichtiges Bild erhalten und eine wichtige Erkenntnis gewinnen.

Dass Sie bei einzelnen Zielen sehr wenig zu ihrer Verwirklichung unternommen haben, dafür gibt es eigentlich zwei Hauptgründe:
Sie hatten zu wenig Zeit für diese Ziele oder hatten das Gefühl keine Zeit zu haben. Diese Ziele sind Ihnen wahrscheinlich weniger wichtig, als Sie glauben.

Wenn jemand sagt, diese Ziele sind mir sehr wohl wichtig, ich hatte nur in diesem Monat keine Zeit dafür, heißt das wirklich, dass die notwendige Zeit nicht vorhanden war? Natürlich war die Zeit da, aber die Zeit wurde für etwas anderes verwendet, das (scheinbar) wichtiger war.

Zeitprobleme sind oft Prioritätsprobleme Wenn Menschen von Zeitproblemen sprechen, dann stecken meistens Prioritätsprobleme dahinter. In meinen Seminaren habe ich immer wieder Menschen kennengelernt, die aufgrund von anhaltendem Stress krank geworden sind. Das Problem ist jedoch nicht nur der Stress – sprich: Überlastung – sondern, dass Menschen für zu wenig Ausgleich sorgen, um Belastungsmomente wieder auszugleichen.

In Gesprächen mit Teilnehmern, die durch Stress krank geworden sind, konnte ich erfahren, dass ihnen die Zeit für einen Ausgleich durch Sport, Yoga, Meditation oder Mentaltraining usw. gefehlt hat. Ich konnte dann aber auch erfahren, dass diese Leute den mehrfachen Aufwand erbringen mussten, um ihre Gesundheit wiederzuerlangen. Also ist Gesundheitspflege auch nicht primär eine Frage der Zeit, sondern eine Frage der Wichtigkeit. Wenn Menschen krank sind, haben sie plötzlich die Bereitschaft, Zeit, Geduld und Geld in ihre Gesundheit zu investieren.

Erfolg braucht Zeit Wer sich zu oft mit Kleinkram beschäftigt, dem fehlt regelmäßig die Zeit für Aufgaben, die für den persönlichen und beruflichen Erfolg entscheidend sind. Oft bewerten Menschen ihren Tag mit der Bemerkung: *„Heute habe ich viel getan."* Nicht selten glauben sie, dass sie damit auf dem richtigen Weg zum Erfolg sind.

Die Fragen, die uns weiterbringen, lauten aber:

- Was habe ich heute für meine Ziele getan?
- Welche wichtige Aufgabe habe ich heute erledigt, die mich einem meiner wichtigsten Ziele näher gebracht hat?

Viele Menschen verwechseln dringende und wichtige Aufgaben.

Damit Sie Ihre Ziele verwirklichen können, müssen Sie Zeit in diese Ziele investieren. Wer nicht regelmäßig Zeit in seine Ziele investiert, muss die Feststellung machen, dass wieder ein Jahr vergangen ist, ohne dass er den Zielen wesentlich nähergekommen ist. Da Ziele untrennbar mit unserem Erfolg verbunden sind, bedeutet das Nichterreichen von Zielen auch das Ausbleiben von gewünschten Erfolgen.

Da viele Menschen durch das Berufsleben hetzen und sich hetzen lassen, verwechseln nicht wenige von ihnen dringende mit wichtigen Aufgaben. Leider können das viele schwer auseinanderhalten, und zwar dringende Aufgaben, die momentan nicht wichtig sind, und Aufgaben, die sowohl dringend als auch wichtig sind.

Wenn Sie selbst private und berufliche Ziele definieren, sind diese natürlich absolut wichtig für Sie. Die Praxis zeigt aber, dass sich Menschen nur dann daran machen, Ziele zu erobern, wenn ihnen diese sowohl wichtig als auch dringlich genug sind.

Jeder Tag, jede Woche und jeder Monat gibt Ihnen die Chance, Ihren Zielen Etappe um Etappe näher zu kommen. Viele Menschen scheitern nicht an zu großen Zielen, sondern daran, dass sie ein Ziel nicht in *Zwischenziele* und *Teilaufgaben* untergliedern. Deshalb ist es so wichtig, dass Sie für jedes Ziel einen Plan haben. Im Plan werden alle Aufgaben zur Zielerreichung so unterteilt, dass wir die Teilaufgaben in unseren Wochen- und Tagesplan übernehmen können. Natürlich müssen wir in die Planung und Erfolgskontrolle vorerst Zeit investieren. Durch eine sinnvolle Planung werden wir jedoch jedes Ziel sicherer und mit geringerem Zeitaufwand verwirklichen.

Erfolg und Lebensqualität Erfolg und Qualität gehören für mich untrennbar zusammen.

- Es kommt nicht primär auf die Anzahl der Stunden an, die wir mit unserer Familie verbringen, sondern wie viel Qualitätszeit wir mit Ihnen verbringen.
- Es kommt nicht primär darauf an, wie viele Stunden wir täglich mit unserem Partner zusammen sind, sondern welche Qualität die Zeit hat, in der wir mit unserem Partner zusammen sind.
- Es kommt nicht auf die Anzahl der Freunde an, die man hat, sondern welche Qualität unsere Freundschaften haben.
- Es kommt primär nicht darauf an, wie viele Stunden wir täglich arbeiten, sondern wie viel Zeit wir uns mit Aufgaben beschäftigen, die für unseren geschäftlichen Erfolg entscheidend sind.
- Es kommt nicht so sehr darauf an, dass wir alles Mögliche für unsere Gesundheit tun, sondern dass wir das tun, was für uns wichtig ist.

- Es kommt nicht darauf an, wie viele Bücher wir studieren, sondern was wir mit dem, was wir geistig aufgenommen haben, machen, um unseren persönlichen Erfolge zu fördern.
- Es kommt auch bei diesem Buch darauf an, dass Sie vor allem die Ideen, Strategien und Übungen für sich herausnehmen, die für Sie im Moment am nützlichsten und hilfreichsten sind.

Ihre menschliche Qualität ist entscheidend Wer möchte schon ein *„Null-acht-fünfzehn-Mensch“* sein? Für unseren Lebenserfolg ist es von größter Bedeutung, dass wir unsere menschlichen Qualitäten zur Entfaltung bringen. Unsere persönliche Entfaltung ist für unsere Lebensfreude, Lebensqualität und unseren Erfolg von größter Bedeutung. Es ist ein Unterschied, ob ein Mensch in seinem Leben Einzel- oder Teilerfolge hat oder ob er *als Mensch ein Erfolg ist.* Einzelerfolge können schnell verblassen, der Mensch aber bleibt. Schwache Menschen werden von Rückschlägen meistens aus der Bahn geworfen.

Immer wieder habe ich im Laufe von Jahren gesehen, wie erfolgreiche Menschen, die neben ihrem beruflichen Erfolg auf ihre persönliche Entwicklung vergessen hatten, durch Rückschläge völlig von der Bildfläche verschwunden sind. Sie schafften die Kluft vom Misserfolg zum Erfolg nicht mehr und nahmen ihr negatives Schicksal resignierend an. Sie erkannten nicht, dass Rückschläge und Misserfolge ein Lernprozess sind. Positive Persönlichkeiten lernen aus Misserfolgen etwas und kommen nach Rückschlägen noch besser und klüger zurück.

Ein Sieger gibt nie auf. Und ein Aufgeber siegt nie.

Napoleon Hill

Wachsen oder schrumpfen Im Chinesischen heißt es: *„Alles, was nicht jeden Tag zunimmt, nimmt jeden Tag ab."* Im Englischen heißt es: *„Use it or lose it"*. Beide Sätze bedeuten, dass wir das, was wir nicht nutzen, verlieren. Wenn wir unsere Talente und besonderen Anlagen nicht nutzen, verkümmern sie. Ist es eigentlich nicht unglaublich, dass in einer Eichel alle Ressourcen vorhanden sind, damit aus ihr eine mächtige Eiche werden kann? Damit aber aus dieser Eichel eine große Eiche werden kann, braucht sie bestimmte Voraussetzungen: Nährstoffe, Sauerstoff, Wasser, Wärme und sobald der Trieb aus der Erde blickt, auch Sonnenlicht. Vor allem muss die Eichel aber beginnen zu *wachsen,* bevor sie von einem Eichhörnchen gefressen wird.

So wie mit der Eichel ist es auch mit uns Menschen. Potenziell sind wir für persönliche Größe, Stärke und Erfolg bestimmt. Persönliche Größe, Stärke und Erfolg können wir aber nur erlangen, wenn wir unser Potenzial zur Entfaltung bringen. Dies verlangt natürlich regelmäßige Arbeit an uns selbst. Wenn wir als Mensch regelmäßig wachsen, hat dies einen wunderbaren Einfluss auf unser Selbstwertgefühl. Gleichzeitig wächst mit unserer persönlichen Entfaltung auch unser Selbstvertrauen. Viele sehen Persönlichkeitsentfaltung als harte Arbeit; ich sehe sie als eine total spannende und hochinteressante Aufgabe. Langfristiger Erfolg und persönliche Entfaltung gehören untrennbar zusammen. Der neue Erfolg beginnt immer dort, wo wir jetzt gerade stehen.

Alexander, ein kleiner Junge, durfte seinen Opa regelmäßig in dessen Schrebergarten begleiten. In diesem Garten wuchsen Kräuter, Obst und Gemüse. Unter anderem wuchsen in Großvaters Garten gerade Kürbisse. Alexander fand eine leere Granini-Flasche und kam auf die Idee, einen ganz kleinen auf dem Boden liegenden Kürbis in die Flasche zu geben. Alexander lief jedes Mal, wenn er wieder in Großvaters Garten war, zur Flasche, um zu sehen, ob der Kürbis größer geworden war. Der Kürbis wuchs in der Flasche ständig weiter bis ... Was denken Sie? Genau, bis er die Flasche innerlich völlig ausfüllte und die Form der Flasche angenommen hatte; dann stellte er sein Wachstum ein.

Menschen sind oft wie Kürbisse in einer Granini-Flasche. Sie wachsen oft so lange, bis sie gewisse Erwartungen erfüllt haben. Dann ist oft Schluss. Welche Grenzen erfahren Sie gegenwärtig? Viele Menschen glauben, dass sie die gegenwärtigen Grenzen deshalb nicht überwinden können, weil es ihnen am entsprechenden Potenzial mangelt. In Wirklichkeit hat jeder Mensch ein enorm ungenutztes Potenzial, welches nur darauf wartet genutzt zu werden.

Wissen ist Macht – wie falsch gedacht! Wissen wird immer mehr zum entscheidenden Erfolgsfaktor. Während Wissen oft Macht bedeutet, bedeutet Nichtwissen oft Ohnmacht. *Bill Gates* war der erste Mensch, der durch Wissen einen sagenhaften Reichtum erworben hat. Wir leben im Informationszeitalter und Wissen in Firmen ist viel wichtiger als Maschinen oder Geld. Die Firmen mit dem besten Know-how haben die *„Nase vorne“*. Das gilt im gesamten Berufsleben wie auch für Einzelpersonen. Das life long learning – das lebenslange Lernen – hat man vor vielen Jahren schon gepredigt, praktiziert wurde es aber eher selten. Erst seit immer mehr Menschen bewusst wird, dass es so etwas wie einen fixen Arbeitsplatz – wie es früher der Fall war – eigentlich nicht mehr gibt, wird dieses Thema ernst genommen. Lernen und Wissen sind entscheidende Erfolgsfaktoren. Wer das nicht beherzigt, wird in unserer Zeit nicht weit kommen.

Wissen ist Macht, wie falsch gedacht, Wissen ist wenig, Können ist König.

J. W. v. Goethe

Dass Wissen Macht ist, ist aber im Prinzip nur eine halbe Wahrheit. In Wirklichkeit muss es heißen: *Angewandtes Wissen ist Macht.* Was nützt das beste Wissen, wenn es nur recht und schlecht angewandt wird? Es heißt, dass jemand, der zwar lesen kann und nicht liest, nicht besser dran ist als jemand, der nicht lesen kann. So ist es auch mit dem Wissen. *Jemand, der etwas weiß, dieses Wissen aber nicht nutzt, ist im Prinzip nicht besser dran als jemand, der dieses Wissen nicht hat.* Ihre Erfolge wachsen im Verhältnis dazu, wie Sie Ihr Wissen von Tag zu Tag für Ihre Ziele und Ihren Erfolg mehr und mehr einsetzen.

Stärken entstehen nicht durch Wissen, sondern durch Übung.

Muskeln, die nicht regelmäßig trainiert werden, verkümmern. Nutzen wir unsere geistigen Fähigkeiten zu wenig, passiert genau dasselbe.

Was wir nicht regelmäßig nutzen, verkümmert Können Sie sich vorstellen, dass die Spieler einer Fußballmannschaft zwar regelmäßig theoretische Anleitungen von ihrem Trainer erhalten, aber erst dann am Wochenende zum Spiel in ihr Trikot und ihre Fußballschuhe schlüpfen? Man muss kein Fußballexperte sein, um zu erkennen, dass sie so von einer Niederlage in die andere rennen würden. Jedem Sportexperten ist bewusst, dass ein regelmäßiges Training die Voraussetzung für den sportlichen Erfolg ist. Mittlerweile berücksichtigen immer mehr Athleten dabei auch den mentalen Bereich. Regelmäßige Übung ermöglicht dem Sportler, seine Fähigkeiten und Stärken bestmöglichst zu entfalten. Es heißt nicht umsonst: *„Wer aufhört besser zu werden, hört auf gut zu sein“.*

Auch für unseren persönlichen und beruflichen Erfolg brauchen wir regelmäßige Übung zur Entfaltung unserer Persönlichkeit und Stärken. Die guten Ideen, die wir oft in Büchern finden, entfalten ihren Wert erst dann, wenn wir diese auch im Alltag anwenden. Die Erfolgsformel für uns lautet daher:

Wissen x Übung = Können

Die wahre Kraft guter Ideen liegt also in der Anwendung. Der optimale Nutzen von positiven Handlungen kommt erst mit regelmäßigen Wiederholungen.

Durch Wiederholung werden Schüler Meister und Meister Weltmeister.

Alles, was wir wiederholt tun, hat eine Wirkung und nach einer entsprechenden Zeit eine entscheidende Auswirkung auf unser Leben.

Alles Gute und viel Erfolg

Liebe Leserin, lieber Leser!

Schon die Tatsache, dass Sie dieses Buch bis zu Ende gelesen haben, zeigt, dass Sie auch bereit sind, aktiv für Ihren Erfolg etwas zu tun. Gratuliere! Das Geheimnis der Kraftentfaltung und des Erfolgs heißt „Lernen und üben“. Sie werden staunen, wie viele Glücks- und Erfolgschancen Ihnen das Leben bietet, wenn Sie die Prinzipien dieses Buches regelmäßig anwenden.

Ich wünsche mir, dass Sie einen großen Nutzen aus diesem Buch ziehen und dass Sie mit seiner Hilfe Ihre Träume und Ziele erfolgreich verwirklichen.

Machen Sie Ihr Leben zu einem Meisterwerk.

Alles erdenklich Gute wünscht Ihnen

Ihr

Elmar Eisele

P.S. Ich würde mich freuen von Ihnen zu erfahren, wie Ihnen das Buch gefallen hat. Sie können mir dies gerne in einem E-Mail oder in einem kurzen Brief mitteilen. Wenn das Buch Ihre Erwartungen erfüllt hat, empfehlen Sie es bitte weiter. Vielen Dank und Gottes Segen.

Mein besonderer Dank gilt meiner Freundin und Partnerin Sigrun, die mich über weite Wegstrecken dieses Buchprojektes tatkräftig unterstützt hat. Herrn Mag. Heinrich Künz, der mit großer Sorgfalt im Manuskript die Rechtschreibung und Grammatik kontrolliert hat. Herrn Günter Bucher mit Hämmerle Druck und Verlag, in welchem ich einen wertvollen Geschäftspartner gefunden habe, Sarah-Lerina Riedmann und René Dalpra, die mit ihrer ausgezeichneten Arbeit das Manuskript zu einem attraktiven Buch gemacht haben, Jens Ellensohn, der mit Geduld und Ideenreichtum das passende Bild für das Buch geliefert hat, und Mag. Christoph Strolz dafür, dass er durch seine Kompetenz als Lektor und sein Einfühlungsvermögen zum Feinschliff des Buches optimal beigetragen hat.